BONSAI

blv garten plus

Werner M. Busch

BONSAI

Die schönsten Arten für draußen und drinnen
Anziehen • Gestalten • Pflegen

blv

Inhalt

Grundlagen

Bonsai faszinieren seit Jahrhunderten Menschen aller Alters- und Sozialschichten. Aus dem asiatischen Raum kommend, hat auch uns diese Möglichkeit, Bäume zu gestalten, schnell in ihren Bann gezogen. Was sind die Beweggründe, sich mit Bonsai zu beschäftigen und was ist Bonsai wirklich?

Apfelbaum *(Malus* spec.) mit Früchten.

Was ist ein Bonsai?

Zwar werden im Handel sehr viele Miniaturbäumchen unter dem Namen »Bonsai« angeboten, doch die Kleinheit allein macht noch keinen Bonsai.
Nach asiatischer Tradition versteht man hierunter einen kleinen, alten, von Menschenhand gestalteten Baum, der mit dem Gefäß, das ihn beherbergt, eine Einheit bildet.
Mit Hilfe bestimmter Gestaltungsmaßnahmen, wie zum Beispiel einem gezielten Rückschnitt der Äste, erhält man Baumminiaturen, die in ihrem Erscheinungsbild an besonders beeindruckende Baumriesen in der Natur erinnern.
In China wird die Kunst, Bäume in Miniaturform zu gestalten, »Penjin« genannt. Und obwohl die ersten Bonsai von Chinesen gestaltet wurden, stammt das, was wir über Bonsai wissen, in der Regel aus Japan. So finden sich die japanischen Stilarten in den Arbeiten der meisten europäischen Bonsai-Gestalter wieder, Bonsai-Anfängern dienen sie sogar als wichtigste Gestaltungshilfe.
Das Arbeiten mit Bonsai kann wie das Malen, Bildhauen oder Gedichteschreiben zur Kunst werden, wenn der Gestalter das rein Handwerkliche perfektioniert hat und seine kreativen Fähigkeiten entsprechend gereift sind. Im Unterschied zu anderen Kunstwerken bleibt ein Bonsai jedoch immer in Entwicklung und kann nie vollendet werden.

◀ Igel-Wacholder *(Juniperus rigida)*, Höhe 100 cm, ca. 200 Jahre.

Warum Bonsai?

Meist ist es zunächst der Reiz des Asiatischen, der Bonsai interessant macht. Später kommen viele Gründe hinzu, sich intensiver mit dem Thema zu befassen. Die Beschäftigung mit diesen kleinen Bäumen kann bereits sehr befriedigend sein, lernt man doch den Baum aus einer ganz besonderen Nähe heraus kennen. Gleichzeitig beginnt sich der Blick für die Natur zu schärfen: Man versucht, die heimischen Baumarten zu erkennen, beobachtet deren Wuchsformen und gewinnt mit der Zeit einen tiefen Einblick in die Gesetze der Natur und die Funktionsweise der Bäume.
Dazu kommt der ausgeprägte Symbolcharakter, den Bäume in Asien besitzen. Und auch bei

Oft ist es klüger, nach den ersten spontanen Großeinkäufen einige Pflanzen wieder abzugeben, damit die verbleibenden optimal gepflegt und in Form gehalten werden können.

uns sind die Bäume mit vielen Mythologien behaftet. Das macht es besonders reizvoll, sich mit ihnen zu beschäftigen. Für viele Bonsai-Gestalter sind jedoch die kreativen Elemente der Hauptgrund, sich dem Thema hinzugeben, kann doch eine selbst bestimmte Baumform nach eigenen Vorstellungen durch gezielte Eingriffe entstehen. Auch wird in der Gestaltung des Baumes die dem Gestalter eigene Natur zu Tage treten: Kampfkraft oder Harmonie, Üppigkeit oder Verspieltheit finden Ausdruck in der Baumform und lassen ein wenig die Charaktere der Bonsai-Gestalter erahnen.
Häufig wird mit Hilfe von Bonsai auch der Sammlertrieb befriedigt. Wie schnell ist dann kein Platz mehr im Garten, auf dem Balkon oder auf der Fensterbank, der nicht mit einem Bonsai oder Bonsai-Anwärter ausgefüllt ist. Hier sollte sich der Bonsai-Liebhaber rechtzeitig fragen, ob er allen Pfleglingen gerecht werden kann.

Handgefertigte Bonsai-Schalen.

Der Aufbau eines Bonsai

Gefäß, Pflanze und eventuelles Beiwerk müssen eine Einheit bilden. Um ein optimales Bild zu erhalten und über die Qualität der Pflanze urteilen zu können, wird ein Bonsai in verschiedene Elemente – von der Pflanzschale bis zu seinen Früchten – gegliedert, die sich jeder Bonsai-Liebhaber zu eigen machen sollte.

Die Bonsai-Schale

Sie sollte mit dem Baum eine harmonische Einheit bilden. Das heißt, dass zum Beispiel die Größe des Gefäßes mit der Größe der Baumkrone harmonieren muss, die Form der Schale zur Baumform passen soll und die Glasur nicht zu auffällig sein darf. Ein paar einfache Regeln erleichtern die Auswahl:

- Seine endgültige Schale erhält ein Bonsai erst, wenn er weitestgehend ausgereift ist. Bäume, die sich noch im Anfangsstadium ihrer Entwicklung befinden, werden in eine verhältnismäßig große und möglichst einfache Schale gepflanzt. Hier entwickelt sich der Baum schneller.
- Bei einem gut entwickelten Bonsai sollte die Höhe der Schale mit der Dicke des Stammfußes übereinstimmen. Eine Ausnahme machen hier die so genannten Kaskaden-Formen, die immer in besonders hohen Schalen stehen.
- Die Schalenbreite wird so gewählt, dass der Schalenrand in etwa mit dem Kronenrand abschließt. Auch soll die Schale nicht breiter als der Baum hoch sein, ideal ist ein Verhältnis von Schalenbreite zu Baumhöhe von 2 : 3 oder umgekehrt.

Lärche im Herbst; streng aufrechte Form, Höhe 40 cm, ca. 15 Jahre, Sammlung B. Stirnberg.

- Farben und Muster der Glasur sollten im Baum wiederkehren oder die Farben des Baumes harmonisch ergänzen.
- Zu einem Baum mit weichen Formen wählt man eine runde oder ovale Schale, zu einem Baum mit strengen Formen eine rechteckige.

Die Oberfläche der Pflanzerde

Ein dichtes, niedrig bleibendes Moospolster sollte die Pflanzerde überziehen, auch Kräuter können wachsen – an bewusst festgelegten Stellen. Das flächig wachsende Lebermoos sollte jedoch entfernt werden, da es den Gasaustausch der Erde behindert.
Ein schönes Moospolster lässt sich in befriedigender Form nur im Freiland verwirklichen, im Zimmer ist die Luft in der Regel zu trocken. Hier weicht man auf Ersatzpflanzen wie Bubikopf *(Soleirolia)*, Mooskraut *(Selaginella)*, kleine Farne, verschiedene Klee-Arten und andere aus.

Der Wurzelansatz

Als Wurzelansatz bezeichnet man die Wurzeln, welche vom Stammfuß ausgehend sichtbar sind und dann in der Erde verschwinden. Dieses sehr wichtige Gestaltungselement kann nachdrücklich das Alter eines Baumes unterstreichen. Die möglichst kräftigen Wurzeln sollen sternförmig in die Himmelsrichtungen wachsen, nur auf Wurzeln, die direkt nach vorne, also dem Betrachter entgegen wachsen, wird dabei bewusst

Diese Stammbasis ist noch zu dünn.

verzichtet. Da der Wurzelansatz bei jungen Pflanzen noch wenig entwickelt ist, muss das Wachstum durch gezielte Maßnahmen unterstützt werden. So müssen bei jedem Wurzelschnitt die Wurzeln, die unter dem Stamm entspringen, regelmäßig entfernt werden, damit schließlich nur noch die den Wurzelansatz bildenden Seitenwurzeln übrig bleiben. Und da diese nun alleine den ganzen Baum versorgen müssen, werden sie schnell entsprechend dick.

Der Stamm

Das wichtigste Element des Bonsai ist sein Stamm, er bildet die Grundlage für die Aussagekraft und den Charakter des Baumes. Der Stamm sollte an der Basis möglichst dick beginnen, sich nach obenhin gleichmäßig verjüngen und schließlich in einer feinen Spitze enden.
Starke Sprünge in der Stammstärke sollte man vermeiden, manchmal sind sie allerdings nicht zu verhindern.
Um eine gleichmäßige Verjüngung zu erreichen, wird der Stamm im Laufe der ersten Lebensjahre mehrmals stark zurückgeschnitten und ein nach oben gerichteter Seitenast übernimmt die Spitze. Mit diesem Rückschnitt wird gleichzeitig die Stammbewegung des späteren Bonsai festgelegt.

Die Äste

Form, Bewegung und Stärke der Äste sollten die Vorgaben durch den Stamm unterstreichen. So sollen an einem geraden Stamm gerade Äste und an einem leicht bewegten Stamm Äste mit ähn-

Kräftige Seitenwurzeln lassen die Stammbasis dicker werden.

In Japan wird sehr viel Wert auf einen interessanten Stammverlauf gelegt.

Hainbuche *(Carpinus betulus)*, Floßform, Höhe 80 cm, ca. 30 Jahre.

lichen Bewegungen gestaltet werden. Auch die Aststärke muss natürlich wirken: an einem dicken Stamm erscheinen dünne Äste unreif.
Starke Äste sollen unten und dünne an der Spitze sitzen. Waagerechte bis hängende Äste verstärken den Eindruck von hohem Alter.
Ein gut entwickelter Ast entspringt mit kräftiger Basis dem Stamm und verjüngt sich zum äußeren Kronenbereich in einer feinen Verzweigung. Diese gewollte Verzweigung entwickelt sich mit dem regelmäßigen Rückschnitt der Äste. Mit jedem Schnitt ändert sich ihre Wuchsrichtung. Bei gut aufgebauten Ästen wird der Abstand zwischen zwei Richtungsänderungen von innen nach außen immer kürzer.

Die Blätter

Natürlich sollte die Blattgröße so weit wie möglich der Größe des Bonsai angepasst sein. Hierbei bleibt man aber immer von den Proportionen zwischen Blattgröße und Baumhöhe, wie sie in der Natur vorkommen, weit entfernt.

Eine wichtige Regel lautet: Je feiner die Verzweigung ist, um so kleiner werden die Blätter.

In der Regel werden zur Bonsai-Gestaltung Gehölze ausgesucht, die bereits von Natur aus kleine Blätter bilden. Die kleinsten Blätter werden meist von Sträuchern entwickelt, während es nur wenige Bäume gibt, die geeignete kleine Blätter hervorbringen. Allerdings lässt sich die Blattgröße bei vielen Bäumen, wenn sie als Bonsai gehalten werden, durch gezielte Maßnahmen auf ein Drittel reduzieren. Da sich mit jedem Rückschnitt die Verzweigung ganz von

Je feiner die Verzweigung, desto kleiner werden die Blätter.

Werden Pflanzen wegen ihrer Blüte als Bonsai gehalten, sucht man sich solche aus, die von Natur aus kleine Blüten besitzen.

selbst verfeinert, werden auch mit zunehmender Zahl von Rückschnitten die Blätter kleiner. Besonders stark verbessert sich die Verzweigung nach einem so genannten **Blattschnitt.** Hierbei werden alle oder ein Teil der Blätter bis auf den Blattstiel abgeschnitten. Die Knospen, die in jeder Blattachse sitzen, treiben nun aus und jede Knospe entwickelt sich zu einem Ast. Nach wenigen Wochen ist überall dort, wo ein Blatt saß, ein neuer Ast entstanden, der kleinere Blätter trägt. Da ein Blattschnitt die Reserven des Baumes stark angreift, kann im gleichen Jahr nicht mit einem größeren Dickenwachstum gerechnet werden. Deshalb sollte die Blattgröße nur bei weit ausgereiften Bäumen eine Rolle spielen. Bei Pflanzen, die sich in der Entwicklung befinden, ist ein starkes Dickenwachstum und der schnelle Aufbau kräftiger Äste wichtiger. Deshalb wird bei diesen vorerst auf einen Blattschnitt verzichtet.

Der Goldregen bildet auch als Bonsai große Blütendolden.

Die Blüten

Das Blühverhalten ein und derselben Pflanze variiert von Jahr zu Jahr. Es ist abhängig von der Art, vom Gesundheitszustand und vom Alter des Baumes. Es wird aber auch vom Wetter, vom Bodenklima sowie von Zeitpunkt und Art der Düngung beeinflusst.

In der Regel ist die Blüte bei einem Bonsai nicht kleiner als in der Natur, so dass die Proportionen hier stark verschoben sind.
Viele Bäume, wie zum Beispiel Ulme oder Buche, blühen sehr unscheinbar, so dass die Blüte keinen besonderen gestalterischen Wert darstellt. Bei anderen Gehölzen macht die Blüte dagegen den Hauptteil ihrer Attraktivität aus. Zu ihnen zählen zum Beispiel Azalee, Granatapfel oder Apfelbaum. Aber auch hier sollte im Anfangsstadium der Gestaltung die Blüte zunächst eine untergeordnete Rolle spielen und hauptsächlich auf die Weiterentwicklung der Form Wert gelegt werden.
Da sich Blüte und Formentwicklung oft gegenseitig ausschließen, wird man zuweilen Kompromisse in der Gestaltung eingehen müssen. Beim Granatapfel muss zum Beispiel ein überlanger Austrieb akzeptiert werden, da die Blüte erst am Triebende erscheint.

Die Frucht

Auch Früchte können einen Bonsai zeitweise stark aufwerten und sorgen für Abwechslung im Erscheinungsbild. Da die Entwicklung von Früchten die Pflan-

Granatapfelbaum mit Frucht,
Höhe 30 cm, ca. 15 Jahre.

ze eine Menge Energie kostet, lässt man nur solche Früchte zur Reife gelangen, die von gestalterischem Wert sind. So können Beerenfrüchte zum großen Teil am Baum belassen werden, der Apfelbaum wirft dagegen Früchte, die ihm zu viel sind, von selbst ab. Anderen Bäumen, deren Früchte zu unscheinbar sind, etwa bei den Azaleen, oder deren Früchte zu groß werden, wie bei der Quitte, entfernt man die Fruchtansätze wenigstens teilweise. Auch Bäumen, die sich in der Entwicklung befinden, sollten die Früchte entfernt werden, da ein Bonsai, der reichlich Früchte trägt, kaum noch Zuwachs zeigt und auch das Dickenwachstum zu wünschen übrig lässt.

Die japanischen Stilarten

Ein Bonsai soll aussehen wie ein alter Baum – allerdings in Miniaturform. Seine kleine Form ist leicht durch regelmäßiges Zurückschneiden zu erreichen, der Pflanze dabei das Erscheinungsbild eines alten Baumes beizubringen, ist ungleich schwieriger. Soll dies gelingen, müssen die Wuchsformen alter Bäume in der Natur studiert und ihre Eigenarten festgehalten werden. Die Japaner betrieben diese Studien über Jahrhunderte und entwickelten dabei die so genannten Stilarten, eine Einteilung der verschiedenen Wuchsformen in Gruppen, denen bestimmte Kriterien eigen sind.

Die Aufrechte Form

Bei der Aufrechten Form bildet der Stamm eine von der Wurzel bis zur Baumspitze durchgehende Hauptachse. Wird der Baum von der hier besonders deutlichen Vorderseite aus betrachtet, sind die Äste von unten nach oben abwechselnd links und rechts angeordnet. Keine zwei Äste entspringen an der gleichen Stelle des Stammes. Erst im oberen Drittel des Baumes wachsen auch Äste direkt nach vorne. Nach hinten kann die Krone dagegen zuwachsen. Alle Äste sind meist waagerecht oder leicht hängend ausgerichtet. Die Streng Aufrechte Form zeichnet sich durch einen geraden Stamm aus, wohingegen bei der Frei Aufrechten Form der Stamm mehr oder weniger starke Krümmungen (Bewegungen) aufweist. Häufig ist der Stamm auch S-förmig gebogen. Die Hauptäste sollten stets an der Außenseite einer Knickstelle wachsen. Die Aufrechte Form passt gut zu Nadelbäumen, aber auch Laubbäume werden oft in dieser Stilart gestaltet.

Die Kugel- oder Besenform

Bei der Besenform geht der Stamm nicht bis zur Spitze durch, sondern teilt sich ab einem bestimmten Punkt in drei

Die Kenntnis der japanischen Stilarten ist eine wichtige Hilfestellung bei eigenen Gestaltungsversuchen, aber auch beim Kauf eines Miniaturbaumes oder dem Besuch einer Bonsai-Ausstellung.

Die frei Aufrechte Form.

Die streng Aufrechte Form.

Die Kugel- oder Besenform.

bis viele möglichst gleichberechtigte Äste, die in alle Himmelsrichtungen wachsen. In dieser Form werden fast nur Laubbäume gestaltet. Von der Vorderseite aus sollte ein Teil der Hauptäste mindestens stellenweise sichtbar bleiben und nicht vom Laub bedeckt sein. Das grobe Erscheinungsbild im belaubten Zustand ist eine kugelige, ovale oder schirmförmige Krone auf einem nicht zu hohen Stamm. Die wirkliche Struktur der Äste sowie den Grad der Verzweigung sieht man erst im Winter deutlich, wenn das Laub abgeworfen ist.

links: Feldulme, Besenform,
Höhe 50 cm, ca. 20 Jahre.
Grafiken: Die japanischen Stilarten.

Der geneigte Stamm.

Der Doppelstamm.

Die Waldform.

Die Windgepeitschte Form.

Die Floßform.

Der Mehrfachstamm.

Der Geneigte Stamm

Bei dieser Stilform ist der Stamm mehr oder weniger stark zur Seite geneigt. Sie wirkt nur natürlich, wenn trotz Stammneigung die Wurzeln an der Stammbasis in einer Ebene angeordnet sind. Die Hauptäste sind waagerecht oder leicht hängend ausgerichtet.

Der Doppelstamm

Als Doppelstamm bezeichnet man eine Stilart, bei der zwei meist aufrechte Stämme einer Wurzel entspringen, wobei der eine Stamm deutlich höher und dicker als der andere sein sollte. Die Äste der beiden Stämme bilden eine gemeinsame Krone.

Der Mehrfachstamm

Beim Mehrfachstamm wachsen aus einer Wurzel drei und mehr Stämme. Traditionell wird hier eine ungerade Anzahl bevorzugt. Die Stämme sollten unterschiedlich hoch und dick sein. Es wirkt besonders natürlich, wenn die höheren Stämme auch gleichzeitig die dickeren sind. Die Äste bilden auch bei dieser Form eine gemeinsame Krone.

Die Kaskade.

Die Felsenform (Baum über dem Stein).

Die Literatenform.

Rotbuche, Windgepeitschte Form, Höhe 50 cm, ca. 20 Jahre.

Die Windgepeitschte Form

Bei der Windgepeitschten Form handelt es sich um einen geneigten Stamm, dessen Äste alle in eine Richtung streben. In der Natur finden sich solche Wuchsformen in Küstennähe, wo starker Wind großen Einfluss auf die Entwicklung der Bäume nimmt.

Die Floßform

Hier wachsen mehrere Stämme aus einem liegenden Hauptstamm. Dieser ragt nur teilweise aus der Erde heraus.
Solche Wuchsformen entstehen in der Natur, wenn Bäume zum Beispiel durch widrige Witterungsumstände umstürzen, aber nicht entwurzelt werden und sich die dann nach oben gerichteten Äste zu eigenständigen Bäumen entwickeln. Bei dieser Stilart bilden die Äste der einzelnen Bäume häufig eigenständige Kronen.

Die Waldform

Hier sind mehrere Einzelbäume in einer großen flachen Schale zu einem Miniaturwald zusammengepflanzt. Dabei sollten die Bäume unterschiedlich alt und die höheren auch gleichzeitig die dickeren sein. Diese Art der Gestaltung wirkt nur natürlich, wenn die Abstände zwischen den Bäumen unterschiedlich sind und die Pflanzen nicht in Reihen stehen. Von vorne kann der Betrachter in den Wald hineinsehen. Hier sollten sich die Stämme nicht gegenseitig verdecken. Nach hinten darf das Wäldchen zuwachsen. Um eine gewisse Tiefenwirkung zu erreichen, werden die dünneren Bäume nach hinten und die kräftigeren nach vorn gepflanzt.

Junge Lärchen in der Waldform, auf eine Lavaplatte gepflanzt.

Dreispitzahorn, Baum über dem Stein,
Höhe 35 cm, ca. 25 Jahre.

Die Kaskade

Bei der Kaskadenform ist die Stammspitze nicht der höchste Punkt des Baumes; sie ist vielmehr nach unten gerichtet. Bei der echten Kaskade ist die Stammspitze sogar unterhalb des Schalenbodens angeordnet. Zudem fällt die Kaskade durch ihr relativ hohes Gefäß auf. Es ist als optisches aber auch physikalisches Gegengewicht notwendig.
An Steilhängen im Hochgebirge, wo die Wuchsrichtung einmal durch schwere Schneelast im Winter und zum anderen durch starken Wind nach unten gelenkt wird, ist die natürliche Heimat dieser variationsreichen Wuchsform.

Die Felsenform

Der Baum auf dem Stein

Hier ist ein im Verhältnis kleiner Baum auf einen relativ großen Stein gepflanzt, wobei die Wurzeln in einer Vertiefung oder in einem Loch des Steines sitzen. Der Stein steht in einer mit Wasser gefüllten Schale und mit Hilfe der Kapillarkräfte steigt das Wasser im Stein nach oben bis hin zum Pflanzloch und kann hier vom Baum aufgenommen werden.

Der Baum über dem Stein

Bei dieser Stilart überziehen die Wurzeln des Bonsai einen im Verhältnis kleinen Stein und enden schließlich in der Erde. Der Baum über dem Stein wird in einer normalen Bonsai-Schale gehalten.

Die Literatenform

Diese außergewöhnliche Stilart zeichnet sich durch Bäume mit extrem hohen, schlanken aber interessant bewegten Stämmen aus, die nur wenige Äste tragen. Es heißt, dass die Form dieser Bäume japanischen Schriftzeichen nachempfunden und der Kalligrafie entliehen sind.

auf einen blick

- Die ersten Bonsai sind in China entstanden. Inzwischen sind Bonsai auf der ganzen Welt verbreitet. Besonders gerne werden auch bei uns Bäume mit großer mythologischer Bedeutung gestaltet.
- Der formale Aufbau aus Bonsai-Schale, Oberfläche mit Wurzelansätzen, Stamm, Ästen, Blättern und Blüten oder Früchten sollte ein harmonisches Bild ergeben.
- Die Gesamterscheinung sollte möglichst einer Stilart zugeordnet werden können.

Pflege

Bonsai können sehr alt werden. Über mehrere hundert Jahre von Generation zu Generation weitergegeben, erreicht ein Bonsai dieses hohe Alter nur, wenn ihm optimale Wachstumsbedingungen geboten werden.

Der richtige Standort

Soll der richtige Standort für einen Bonsai gefunden werden, muss man sich zunächst über die Herkunft der betreffenden Baumart informieren.

- Es gibt Bäume, die das ganze Jahr hindurch im Freien gehalten werden. Hierzu zählen die europäischen Baumarten, aus Nordamerika stammende Pflanzen und alle aus Japan importierten Bonsai.
- Und es gibt Bäume, die zu bestimmten Zeiten höhere Temperaturen benötigen als sie bei uns im Freiland herrschen. Sie teilt man in zwei Gruppen: Die »Kalthauspflanzen« sind Gehölze, die im Winter kalt, aber frostfrei stehen wollen. Sie stammen aus dem Mittelmeerraum oder aus subtropischen Klimabereichen. Die »Warmhauspflanzen« dagegen müssen ständig warm gehalten werden, auch im Winter. Sie kommen aus tropischen Regionen.

◀ Regelmäßiges Wässern ist die Grundlage für eine optimale Entwicklung des Bonsai.

Der Freiland-Bonsai

Die Freiland-Bonsai stehen im Gegensatz zu den Zimmer-Bonsai in ihrem natürlichen Klimabereich. Besonders die Luftfeuchtigkeit und die Temperatur brauchen nicht korrigiert zu werden. Sonne und ständige Luftbewegung sorgen dafür, dass die Blätter sehr kräftig und widerstandsfähig werden und weniger leicht angreifbar sind als geschützt stehende Pflanzen. Dies ist auch notwendig, da die gleichen Baumarten rings herum in der Natur wachsen und von einer Vielzahl Insekten und Lebewesen bewohnt, angefressen und angesaugt werden. Diese verschmähen auch einen Bonsai nicht, wenn er nur genügend zartes Laub besitzt. Die Freilandbäume sind darauf eingestellt und werden, wenn sie optimal gepflegt sind, mit den meisten Schädlingen alleine fertig.

Es gibt Freiland-Bonsai, die den ganzen Tag in der Sonne stehen können, zum Beispiel Kiefern oder Eichen, und andere, die lie-

Im Winterquartier können Freiland-Bonsai auch Schnee und Frost vertragen.

Zimmerbonsai (hier: eine Chinesische Ulme) können von Mai bis September auch im Garten aufgestellt werden.

ber schattiger stehen wollen, wie die Buche oder die Azalee.

Der Zimmer-Bonsai

Bonsai, die bei uns in der Wohnung gehalten werden können, wachsen in ihrer Heimat im Freien, unser Zimmerklima stimmt in der Regel nur mit der Temperatur in ihrer Heimat überein. Dies akzeptieren ohne weiteres nur verschiedene Feigen-Arten *(Ficus)* und einige Sukkulenten, die meisten tropischen Arten benötigen jedoch für ihr Gedeihen eine höhere Luftfeuchtigkeit, ein größeres Lichtangebot und mehr Luftbewegung als dies in unseren Wohnungen üblich ist.
Sollen optimale Bedingungen erreicht werden, müssen diese Faktoren korrigiert werden. Die Luftfeuchtigkeit lässt sich erhöhen, indem die Bonsai-Schale auf ein Tablett gestellt wird, das mit Hydrogranulat oder grobem Kies gefüllt und immer voll Wasser gehalten wird. Die Bonsai-Schale darf allerdings keinen Kontakt zum Wasser haben, da sonst die Pflanzerde immer zu nass wäre. Durch die ständige Verdunstung ist die Luft direkt um den Baum besonders feucht.
Ob die zur Verfügung stehende Lichtmenge erhöht werden muss, zeigt der Bonsai durch sein Wachstum an. Sind nämlich die Blattabstände der neuen Triebe größer als an den Ästen, die vor dem Erwerb des Baumes gewachsen waren, benötigt er mehr Licht. Steht kein heller Platz zur Verfügung, muss dies durch spezielle Pflanzenlampen ausgeglichen werden, deren Lichtzusammensetzung auf die Bedürfnisse der Pflanzen abgestimmt ist. Bäume, die in der Wohnung besonders zartes Laub bilden, sollten zusätzlicher Luftbewegung durch einen Ventilator ausgesetzt werden. Dieser kann täglich über eine Zeitschaltuhr für ein paar Stunden eingeschaltet werden.
Während Warmhauspflanzen das ganze Jahr hindurch am gleichen Platz stehen bleiben können, sollten Kalthauspflanzen den Winter in einem ungeheizten Raum verbringen dürfen. Meist reicht es, wenn die Temperaturen nicht über 18 °C ansteigen, aber auch Kälte bis in die Nähe von 0 °C wird meist gut vertragen.

> Alle Zimmer-Bonsai können im Sommer auch im Freiland stehen. An direkte Sonne müssen sie allerdings erst gewöhnt werden, da sie sonst einen Sonnenbrand erleiden.

Das Gießwasser

Sobald die Oberfläche der Pflanzerde trocken geworden ist, kann der Baum gewässert

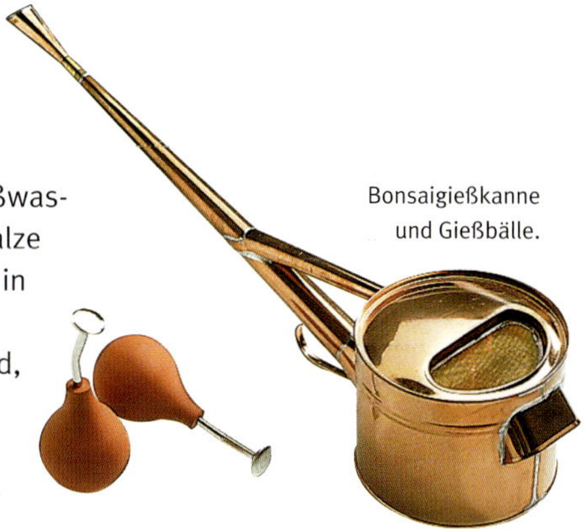

Bonsaigießkanne und Gießbälle.

werden. Entweder taucht man dazu den Ballen mit der Schale kurze Zeit unter Wasser oder gießt den Bonsai wie andere Pflanzen auch. Beim Tauchen wird der Ballen komplett nass, gleichzeitig hält das Wasser länger vor. Frisch umgepflanzte Bonsai und solche in besonders hohen Schalen werden allerdings besser gegossen, weil die Pflanzerde sonst zu lange zu nass bleibt und die Wurzeln eventuell nicht genügend mit Sauerstoff versorgt werden.

Um Wasser aufnehmen zu können, reichern Pflanzen in ihren Zellen Salze an. Je höher der Nährsalzgehalt der Erde wird, umso schwieriger wird es für die Pflanze, Wasser aufzunehmen. Der **Salzgehalt** des Pflanzsubstrates wird weitgehend von der Qualität des Gießwassers bestimmt. Wasser mit einem hohen Salzgehalt erhöht auch den Salzgehalt des Pflanzsubstrates. Aber auch Salze, die in salzärmerem Wasser gelöst sind, können durch Verdunstung des Wassers über die Erdoberfläche den Salzgehalt der Erde erhöhen. Zudem wirkt sich im trockenen Substrat ein hoher Salzgehalt stärker aus als in einem feuchten.

Eine Anreicherung der Salze im Boden lässt sich durch Verwendung von salzarmem Gießwasser (nicht über 300 mg Salze pro Liter) vermeiden, das in regelmäßigen Abständen so reichlich gegossen wird, dass ein Großteil wieder abfließen kann und so überschüssige Salze ausgeschwemmt werden.

Arm an Salzen ist zum Beispiel Regenwasser (50–100 mg/l) und destilliertes oder entionisiertes Wasser.

Regenwasser ist meist das beste Gießwasser und sollte gerade während der heißen Jahreszeit in ausreichenden Mengen bevorratet werden. Hartes, kalkhaltiges Wasser enthält hohe Salzkonzentrationen, weiches Wasser, wie Regenwasser, dagegen geringere.

Die Pflanzerde

Bonsai werden im Verhältnis zu anderen in Kultur befindlichen Pflanzen in einem extrem kleinen Gefäß gehalten. Diesem Umstand muss in der Beschaffenheit des Substrates Rechnung getragen werden.

Da kaum ein Baum Staunässe verträgt, muss die Pflanzerde gut wasserdurchlässig sein, damit überschüssiges Gießwasser oder Regen schnell durch die Abzugslöcher der Bonsai-Schale wieder abfließen kann.

Zudem muss das Pflanzsubstrat dem kleinen Baum ein möglichst gleich bleibendes Bodenklima bieten. Wegen des geringen Erdvolumens ist dieses starken Schwankungen ausgesetzt. Dem Substrat kommt also die Aufgabe zu, diese Schwankungen aufzufangen und abzupuffern.

Von gewisser Bedeutung für das Wohlbefinden der meisten Bäume ist der pH-Wert des Substrates. Dieser ist ein Maß für den Gehalt an Wasserstoffionen (H^+). Er ist für die Verfügbarkeit anderer Ionen für die Pflanze maßgebend und beeinflusst andere chemische Reaktionen und das Leben der Mikroflora im Boden.

Der Härtegrad des Leitungswassers kann bei den Wasserwerken erfragt werden und sollte 15°dH nicht überschreiten.

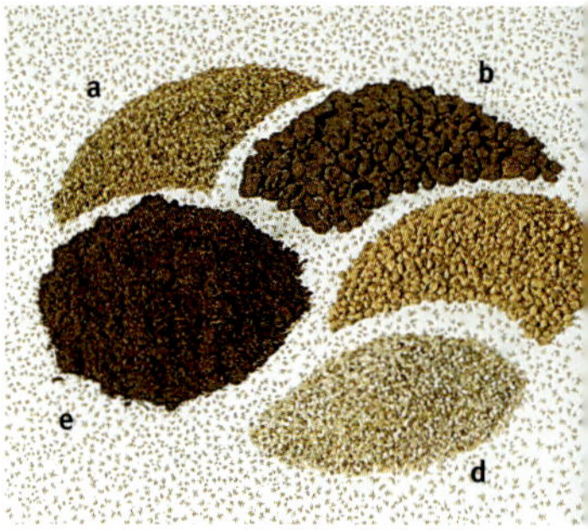

Bonsai-Erde und ihre Bestandteile:
a) Sand
b) Lavagranulat
c) AKADAMA
d) feiner Kies
e) Pikiererde

Bei jungen Pflanzen tauscht man das Substrat jedes Jahr, bei älteren Bonsai alle zwei bis vier Jahre aus. Die beste Zeit hierzu ist das Frühjahr.

Bei niedrigem pH-Wert liegt ein »saurer« Boden vor. Der neutrale Bereich liegt bei pH 7, pH-Werte über 7 werden als alkalisch bezeichnet.
Manche Pflanzen sind auf einen bestimmten pH-Wert im Boden angewiesen, die meisten allerdings tolerieren einen breiten pH-Bereich.
Werden von einzelnen Gehölzen andere Werte gewünscht, wird hierauf in der jeweiligen Pflanzenbeschreibung hingewiesen.

Die Bestandteile der Bonsai-Erde

Bonsai-Erde ist in der Regel eine Mischung aus verschiedenen Bestandteilen.

Lehm
ist in der Lage, viel Wasser zu speichern und nur langsam wieder an den Baum abzugeben. Der Baum steht direkt nach dem Gießen nicht lange im Wasser und die kurzfristig verfügbaren Reserven sind relativ hoch. Ähnlich verhält es sich mit dem Salzgehalt des Substrates. Nach dem Düngen mit mineralischen Nährstoffen ist der Boden stark mit Salzen angereichert. Lehm bindet einen großen Teil der in ionischer Form vorliegenden Nährsalze und tauscht sie gegen andere Ionen, die von den Wurzeln abgegeben werden, wieder ein. Phosphat wird in größeren Mengen dauerhaft von Lehm gebunden. Deshalb muss bei einem hohen Lehmanteil der Dünger entsprechend viel Phosphat enthalten.
Da normaler Lehm aus feinsten Teilchen besteht und lehmige Erde deshalb sehr schnell verdichtet, verwendet man bei Bonsai ein Lehm-Granulat, das in der Regel aus Japan importiert wird (= AKADAMA). Es behält seine Körnigkeit für lange Zeit bei.

Zum Wechseln der Erde ist eine größere Arbeitsfläche sehr nützlich.

Torf
besteht hauptsächlich aus organischem Material mit hohem Wasseraufnahmevermögen. Da Torf in Mooren abgebaut wird und diese bei uns immer seltener werden, wird seit einigen Jahren versucht, keinen oder nur

noch wenig Torf als Pflanzsubstrat zu verwenden.

Sand
erhöht die Wasserdurchlässigkeit torfhaltiger und anderer Substrate. Gleichzeitig hält er für die Pflanze leicht verfügbares Wasser im Substrat.

Pikiererde
ist ein nährstoffarmes Pflanzsubstrat, das in den meisten Fällen aus einer Mischung von Torf oder Torfersatzstoffen und Sand besteht. Wegen seiner guten Wasserdurchlässigkeit und gleichzeitigem Wasserspeicherungsvermögen ist es ein idealer Bestandteil von Bonsai-Erde.

Für Kiefern ist eine funktionierende Drainage lebenswichtig.

Lavagranulat
erhöht den Luftanteil in der Erde und fördert damit den Gasaustausch im Substrat. Gleichzeitig ist es in der Lage, größere Mengen Wasser zu speichern. Zudem erhöht es den Gehalt an Spurenelementen.

Kies
verbessert die Dränageeigenschaften, also die Wasserdurchlässigkeit des Substrates.

Dünger für Bonsai

Mit der Nährstoffversorgung wird die Entwicklung eines Bonsai im Laufe des Jahres in starkem Maße beeinflusst. Es liegt nahe, dass deshalb die Art der Düngung so gewählt werden sollte, dass ein optimales Ergebnis erreicht wird. Bonsai-Freunde mit wenig Erfahrung verwenden am besten organischen Dünger, da hier bei Überdosierung keine Salzschäden zu erwarten sind. Während Bonsai, die hauptsächlich im Zimmer gehalten werden, zwar mit wechselnder Häufigkeit, aber das ganze Jahr hindurch gedüngt werden, erhalten alle anderen Arten nur während der Wachstumszeit Nährstoffe.

Bonsai-Dünger wird in fester und flüssiger Form angeboten.

Wichtige Pflanzennährstoffe

Die wichtigsten Nährstoffe sind Stickstoff (N), Phosphat (P), Kalium (K), Magnesium (Mg) und verschiedene Spurenelemente.

Stickstoff
wird für alle Wachstumsprozesse der Pflanzen benötigt. Diese

Gelbe Blattränder weisen auf Nährstoffmangel hin.

Hohe Stickstoffgaben sollten immer in einem ausgewogenen Verhältnis zu den anderen Nährstoffen verabreicht werden, da der Zuwachs sonst nicht widerstandsfähig gegen Schädlinge und Krankheiten ist.

können über die für die Pflanzen verfügbare Stickstoffmenge gesteuert werden: Steht viel Stickstoff zur Verfügung, ist ein starkes Wachstum zu erwarten, wenig Stickstoff führt zu geringem Wachstum.

Phosphat
erfüllt wichtige Aufgaben im Energiehaushalt der Pflanzen. Je höher der Lehmanteil in der Bonsai-Erde, um so höher sollte der Phosphatgehalt des Düngers sein, da lehmige Böden Phosphat binden, der dann der Pflanze nicht mehr zur Verfügung steht. Blüten und Fruchtbildung werden durch reichliche Phosphatgaben gefördert.

Jungpflanzen benötigen einen Dünger mit hohem Stickstoffanteil.

Kalium
ist kein Pflanzenbaustein, es fördert die Holzentwicklung und damit die Frosthärte. Außerdem steigert es durch eine Erhöhung der Wurzelsaugkraft die Trockenresistenz der Pflanzen. Deshalb sollten während der heißen Jahreszeit und im frühen Herbst die Kaliumgaben bei im Freien gehaltenen Bonsai nicht zu gering sein.

Magnesium
ist ein Baustein des Chlorophylls und wirkt an einigen wichtigen Stoffwechselprozessen mit. Der Magnesiumbedarf von Nadelbäumen ist höher als der von Laubbäumen.

Spurenelemente
sind Nährstoffe, die für die Pflanze lebensnotwendig sind, aber nur in sehr geringen Mengen benötigt werden. Oft sind sie in der Pflanzerde bereits vorhanden. Sie müssen allerdings, wenn ein Baum mehrere Jahre in der gleichen Erde steht, von Zeit zu Zeit zugeführt werden.

Nährstoffbedarf und Nährstoffaufnahme

Im Laufe eines Jahres ist der Nährstoffbedarf der Pflanzen sehr unterschiedlich. Grundsätzlich sollten die verschiedenen Nährstoffe im richtigen Verhältnis zueinander eingehalten werden. Dieses kann je nach Jahreszeit in bestimmten Grenzen schwanken.
Der Gehalt an Stickstoff, Phosphat und Kalium ist auf den meisten Düngerpackungen als NPK-Wert angegeben. Hieraus lassen sich die Verhältnisse der Nährstoffe zueinander und der Nährstoffgehalt selbst ablesen, da die einzelnen Zahlen Prozentanteile an der Düngermenge darstellen.
Bei einer NPK-Angabe von zum

Ältere Pflanzen werden mit geringerem Stickstoffanteil gedüngt.

Beispiel 10:5:5 enthält der Dünger 10 % Stickstoff, 5 % Phosphat und 5 % Kaliumoxid. Steht eine weitere Zahl in Klammern hinter dem NPK-Wert, ist dies eine Angabe über den Magnesiumgehalt.

Eiche, als Halbkaskade gestaltet, Höhe 40 cm, ca. 30 Jahre.

Nährstoffbedarf unterschiedlicher Entwicklungsstadien

Jungpflanzen benötigen, da ein kräftiger Zuwachs notwendig ist, vom ersten Austrieb im Frühjahr bis zum Juni ein gleichmäßiges und hohes Nährstoffangebot mit hohem Stickstoffanteil (NPK-Verhältnisse von zum Beispiel 2:1:1). Dann wird bei gleich bleibender Düngermenge der Stickstoffanteil auf mindestens 1:1:1 gesenkt. Im August wird mit einer letzten kaliumbetonten Düngung mit Nährstoffverhältnissen von etwa 1:2:3 der Herbst eingeleitet.

Bei Pflanzen, die zum ersten Mal in eine Schale gesetzt wurden, ist es ähnlich. Mit einer schwachen Düngung (NPK 2:1:1) wird das Jahr eingeleitet und mit dem ersten kräftigen Austrieb die Nährstoffversorgung erhöht.

Ein Solitär dagegen soll nicht mehr so kräftige Triebe bilden wie eine Jungpflanze oder eine Pflanze im Aufbau. In der Regel ist nur noch die feine Verzweigung zu verbessern. Dies wird durch ein frühzeitiges Pinzieren (siehe Seite 49) erreicht, der Frühjahrsaustrieb in einem frühen Stadium wird damit gestoppt und es erfolgt nur ein geringer Zuwachs. Somit ist der Bedarf an Stickstoff entsprechend gering. Diese Bonsai können von Austriebsbeginn im Frühjahr bis August mäßig mit Nährstoffen versorgt werden. Ein Nährstoffverhältnis von 1:2:3 ist hier ideal.

Eine ausreichende Nährstoffversorgung ist Grundlage für die Gesundheit und das Tempo der Entwicklung eines Bonsai. Das Risiko einer Überdüngung wird durch häufigeres, aber dafür geringer dosiertes Verabreichen von Nährstoffen stark verringert.

Pflanzenschutz bei Bonsai

Alle Bäume haben im Laufe ihrer Geschichte mit ihren Schädlingen eine parallel verlaufende Entwicklung durchgemacht und sich auf diese eingestellt. Ausgewachsene Bäume in der Natur sind deshalb auch selten durch den Befall von Schädlingen lebensgefährlich bedroht.
Anders kann dies bei einem Bonsai sein. Durch seine geringe Größe können schon ein paar Raupen den Baum kahl fressen und Spinnmilben alle Blätter zum Absterben bringen.

Tierische Schädlinge

Größere Insekten, die an den Blättern fressen, lassen sich leicht absammeln. Gegen andere Schädlinge kann nur wirklich wirksam vorgegangen werden, wenn ihre Entwicklung gleich zu Beginn des Jahres vor oder mit dem ersten Laubaustrieb tief greifend gestört wird. So lassen sich die Winterstadien von Läusen, Spinnmilben und einigen Schadinsekten durch eine Spritzung mit Mineralölpräparaten abtöten. Das Öl wirkt ohne Gift. Es verstopft die Atemwege, so dass die Wintereier und manche Larvenstadien ersticken.
Ist das angewendete Mittel zusätzlich mit einem Insektizid gemischt, wird ein breites Spektrum von Schadinsekten erfasst. Da das Öl auch in versteckte Ritzen fließt, auch durch Wachsausscheidungen vor Benetzung geschützte Formen erreichen kann und mit dem Gift in Kontakt bringt, sind diese Mittel besonders effektiv, machen aber keine Unterscheidung zwischen Nützling oder Schädling.
Der beste Anwendungszeitpunkt dieser so genannten Austriebsspritzmittel gegen tierische Schädlinge liegt in der Regel zwischen dem Anschwellen der Knospen und dem Erscheinen der ersten grünen Blattspitzen. Im Laufe des Jahres werden Schädlinge dann nur noch bei tatsächlichem Auftreten bekämpft.

Eine eventuell notwendige Spritzung gegen Schadpilze erfolgt im so genannten Mausohrstadium, wenn die ersten Blattspitzen aus der Knospe herausragen. Dadurch lassen sich unter anderem Neuinfektionen durch den Echten Mehltau und durch einige Blattfleckenkrankheiten verhindern.

Blattläuse an einem Ahorn.

Bei reinen Zimmer-Bonsai sollte sofort nach dem Erkennen eine Bekämpfung eingeleitet werden. Tierische Schädlinge lassen sich dann meist noch absammeln.

Pilzerkrankungen

Auch die meisten Pilze, die an unseren Bäumen Schäden her-

Wollläuse an einer Lärche.

vorrufen, verbringen im Freiland den Winter im Ruhestadium. Auf und in den Blätter lebende Pilze infizieren im Frühjahr den frischen Austrieb, sobald dieser beginnt, sich zu entwickeln. Kurz vor dem Eindringen in das Blatt sind diese Pilze durch eine Austriebsspritzung, allerdings mit einem Fungizid, einem Pilzgift, leicht bekämpfbar.
Diese Behandlung kann durch das Entfernen der Überdaue-

Mehltau an der Eiche.

Gesunde Pflanzen können die meisten Schädlinge auch ohne Hilfe von Pflanzenschutzmitteln abwehren. Deshalb ist die wichtigste Methode, einen Bonsai vor Schädlingen zu schützen, diesen unter optimalen Bedingungen zu pflegen. Hierzu gehört vor allem der richtige Standort und eine regelmäßige Wasser- und Nährstoffversorgung.

Rostpilze an der Birke.

rungsstadien, zum Beispiel durch das Absammeln der alten Blätter unterstützt werden. Vor der Behandlung mit Fungiziden muss die Schale gut abgedeckt werden, um die in der Erde lebenden nützlichen Mykorrhiza-Pilze zu schützen und eine Schädigung der Substratflora- und -fauna zu vermeiden.
Von Pilzen befallenes Holz sollte man möglichst rasch durch Herausschneiden entfernen, denn hat der Pilz das Gewebe durchdrungen, ist eine Bekämpfung nur noch schwer möglich. Sie muss dann mit einem systemischen Mittel, das nach dem Spritzen von der Pflanze aufgenommen wird, erfolgen. Pilzbefall wird oft durch die Schwächung der Pflanze als Folge von Pflegefehlern verursacht. Hat der Baum den richtigen Standort, wird er genügend gewässert sowie mit Nährstoffen versorgt und steht er in einem optimalen Pflanzsubstrat, ist er in der Lage, eine Pilzinfektion selbst abzuwehren.
Welches Mittel jeweils anzuwenden ist, erfragen Sie bitte bei Ihrem Fachhändler, da sich die Liste der erlaubten Präparate ständig ändert. Oft ist es auch ratsam, eine Behandlung mit Gift nicht selbst durchzuführen, da die Mittel auch für den Menschen sehr ungesund sind, sondern besser dem Fachmann zu überlassen.

auf einen blick

- Der Bonsai wird so aufgestellt, dass er klimatische Bedingungen wie am natürlichen Standort der verwendeten Pflanzenart vorfindet.
- Als Pflanzsubstrat dient eine Mischung aus Lehmgranulat, Pikiererde, Lavasplitt und grobem Sand.
- Zum Wässern wird salzarmes Wasser verwendet.
- Um das Risiko zu hoher Salzkonzentrationen in der Erde zu vermeiden, wird organisch gedüngt.

Bonsai-Gestaltung

Um die Form eines Bonsai beizubehalten oder weiterzuentwickeln, muss er ständig bearbeitet werden. Geeignetes Werkzeug, die richtige Technik, aber auch eine gute Portion räumliches Vorstellungsvermögen sind für das Gelingen einer Gestaltung nötig.

Bonsai-Werkzeug

Für die Bonsai-Gestaltung sind einige Spezialwerkzeuge notwendig, deren Funktion hier kurz erläutert wird.
Bonsai-Scheren benötigt man, um Äste einzukürzen. Mit der schmalen Schere mit langem Hals schneidet man dünne Äste in dichten Kronen zurück. Mit der kräftigen Schere mit großem Griff für die ganze Hand und kurzem Hals kürzt man stärkere Äste ein. Zum Entfernen ganzer Äste werden **Bonsai-Zangen** verwendet, die eine schnell verheilende Schnittstelle hinterlassen. Die Zangen sind so konstruiert, dass die beiden Backen leicht übereinander greifen. Die **Konkavzange** erzeugt eine ovale Schnittstelle, die leicht nach innen ins Holz geht. Durch ihre schräg angesetzte Schnittfläche erreicht man mit ihr auch schwierige Stellen. Mit der **Knospenzange** entstehen runde, etwas tiefere Schnittstellen als mit der Konkavzange. Die Wunde verheilt etwas besser. Allerdings erreicht man mit der Zange auf Grund ihrer Konstruktion nicht alle Äste. Die **Rundkonkavzange** vereinigt in sich die Eigenschaften der Konkav- und der Knospenzange. Allerdings ist sie auch erheblich teurer. Die **Wurzelzange** wird nur selten oder gar nicht zum Schneiden der Wurzeln verwendet, sie dient hauptsächlich zum Spalten von Ästen, die als Jin-Partien bearbeitet werden. Natürlich lassen sich mit ihr auch Wurzeln spalten, um sie besser biegen zu können, wenn sie in den Wurzelansatz integriert werden sollen. Mit Hilfe der **Jinzange** lassen sich die

◀ Europäische Lärche *(Larix decidua)*, Sammlung H. Kastner, Höhe 60 cm, ca. 30 Jahre.

Die frei Aufrechte Form bei Kiefern ebenso wie die Besenform bei der Ulme erreicht man nur durch die richtige Gestaltungstechnik.

Bonsaiwerkzeuge von links nach rechts. Oben: Bonsaischere für kräftige Äste, Knospenzange, schmale Konkavzange. Unten: Jinzange, Bonsai-Schere für feine Äste, Standard-Konkavzange, Bonsai-Drahtzange.

Viele Gestaltungsmaßnahmen lassen sich auch mit bereits vorhandenem Werkzeug durchführen. Deshalb muss ein »Bonsai-Anfänger« sich nicht alle speziellen Bonsai-Werkzeuge sofort zulegen. Wer nur wenige Pflanzen sein eigen nennt, benötigt zunächst eine Bonsai-Schere sowie eine Konkav- oder Knospenzange.

gespaltenen Äste dann weiter bearbeiten. Mit ihr wird die Rinde abgezogen und Holzfasern zu Gestaltung einer Jin-Partie teilweise herausgerissen. Außerdem leistet sie gute Dienste beim Drahten, vor allem dicke Drahtenden lassen sich mit ihr leicht biegen. Wichtig zum Entfernen zu eng gewordener Drähte ist die speziell geformte **Bonsai-Drahtzange**. Mit ihr lassen sich eng anliegende Drähte durchtrennen, ohne die Rinde zu verletzen.

Die **Wurzelkralle** leistet beim Umpflanzen und beim Wurzelschnitt gute Dienste. Mit ihr lassen sich die Wurzeln lockern und auseinander ziehen. Auch ein versteckt liegender Wurzelansatz kann mit ihr freigelegt werden. Die Erdoberfläche lässt sich nach dem Umpflanzen gut mit dem **Bonsai-Besen** bearbeiten. Mit ihm befreit man den Wurzelansatz von der Erde und entfernt grobes Material von der Oberfläche. Nicht erwünschte Kräuter und Lebermoos werden mit der **Pinzette** entfernt. Auch beim Pinzieren, dem frühzeitigen Entfernen der Triebspitzen zur Einschränkung des Triebwachstums, wird sie verwendet. Häufig ist sie mit einem schaufelähnlichen Ende versehen, das beim Andrücken der Erde gute Dienste leisten kann. Soll zur Förderung der Verzweigung ein Blattschnitt erfolgen, kann dies schneller als mit einer Bonsai-Schere mit einem **Blattschneider** durchgeführt werden. Durch seine Federung öffnet er sich selbstständig wieder, sodass er bei jedem Blatt nur zusammengedrückt werden muss. Mit **Bürsten** unterschiedlicher Härtegrade wird der Stamm bearbeitet und Jin von Algen und faulendem Material befreit. In hartnäckigen Fällen können sie auch zum Freilegen des Wurzelansatzes Verwendung finden. Soll ein dicker Stamm in seiner Bewegung verändert werden, kann eine spezielle **Bonsai-Zwinge** helfen. Damit keine auffälligen Druckstellen entstehen, ist sie durch einen Gummiüberzug gepolstert.

Weidenblättrige Feige vor dem Rückschnitt.

Oft ist mehr wegzuschneiden, als am Baum verbleibt.

Rückschnitt von Ästen und Wurzeln

Der Hauptgrund, weshalb ein Bonsai klein bleibt, ist der regelmäßige Rückschnitt des Zuwachses. Auch in der Natur, zum Beispiel in der Nähe von Wildwechseln, sind Bäume zu finden, die zwar ein beträchtliches Alter aufweisen, aber trotzdem klein geblieben sind. Hier wird vom Wild regelmäßig der Zuwachs abgefressen, so dass eine Höhenzunahme nicht möglich ist. Bei Bonsai wird der Rückschnitt, im Gegensatz zum Verbiss in der Natur, gezielt vorgenommen, und zwar so, dass der Baum die Form annimmt, die der Gestalter sich vorstellt. Es gibt viele Möglichkeiten und Vorstellungen, wie ein Baum dargestellt wird. Er kann eine gleichmäßig runde, aber auch eine bizarre wettergezeichnete Krone tragen. Allen Wuchsformen und Stilarten ist gemeinsam, dass der Baum möglichst alt und beeindruckend aussehen soll. Diese knorrigen Miniaturbäume zeichnen sich durch einen dicken, häufig auch borkigen Stamm und kräftige, fein verzweigte Äste aus.

Mit dem regelmäßigen Rückschnitt wird das Dickenwachstum reduziert, die Zunahme der Verzweigung jedoch gefördert. Je länger man mit dem Rückschnitt wartet, umso länger wird auch der Zuwachs. Das hat zur Folge, dass entsprechend mehr Wasser zu einer größeren Anzahl von Blättern transportiert werden muss. Die Menge der Leitungsbahnen nimmt zu und der Baum beginnt, einen dicke-

Kräftige Schnittstellen werden mit Wundpaste verschlossen.

Hat sich ausreichend Wundkallus gebildet, fällt die Paste ab.

Nach zwei bis drei Jahren ist die Schnittstelle zugewachsen.

ren Stamm auszubilden. Auch die größere Blattmasse kann mehr Energie einfangen, die dann in Form von Stärke und anderen Reservestoffen im Stamm eingelagert wird und diesen ebenfalls kräftiger werden lassen.
Mit der Länge des Zuwachses nimmt auch dessen Dicke zu, beim Rückschnitt starker Äste entstehen deshalb notgedrungen große Schnittstellen. Da ein wertvoller Bonsai möglichst wenige Spuren von Eingriffen zeigen soll, dürfen die Schnittstellen nicht so groß sein, dass sie nicht wieder problemlos zuwachsen können. Deshalb dürfen auch die Triebe von jüngeren Pflanzen nicht ins Unermessliche wachsen.
Bei der Entwicklung eines Bonsai sollte man zunächst auf die Ausbildung einer gewissen Stammdicke Wert legen. Man schneidet also zunächst die Äste nicht so häufig zurück. Ist die gewünschte Stammdicke erreicht, schneidet man öfter, sodass sich die feine Verästelung ganz von selbst entwickelt. Mit jedem Rückschnitt entstehen somit bei gesunden Bäumen zwei oder mehrere neue Verzweigungen.

Schnittstellen, die im Frühjahr entstehen, wachsen besonders schnell zu. Deshalb werden starke Äste am besten in dieser Zeit, mit oder kurz nach dem Frühjahrsaustrieb, zurückgeschnitten. Auch im Herbst vorgenommene Schnitte können jetzt nachbearbeitet werden, um einen zügigen Wundverschluss zu gewährleisten.

Alle zwei Jahre sollten die Wurzeln zurückgeschnitten werden.

Zunächst wird der Ballen auseinander gezogen.

Mit dem Rückschnitt wird gleichzeitig der Neuaustrieb gelenkt. Mindestens die Knospe, welche der Schnittstelle am nächsten sitzt, treibt nach dem Rückschnitt aus und übernimmt die Astspitze. Also schneidet man so zurück, dass eine in Richtung der gewünschten Astspitze stehende Knospe der Schnittstelle am nächsten ist. Aus verschiedenen Gründen wachsen Bonsai im oberen Kronenbereich immer mehr als im unteren. Wird dem nicht gezielt entgegengearbeitet, sind die oberen Äste bald die dicksten in der Krone, was einem naturnahen Aufbau widerspricht. Daher schneidet man den Austrieb im oberen Kronenbereich häufiger und kürzer zurück als im unteren. Allerdings entwickeln sich hierdurch oben entsprechend viele neue Triebspitzen, die wieder hemmend auf die darunter liegenden Knospen wirken. Deshalb wird im oberen Kronendrittel, bei laubabwerfenden Freilandbäumen am besten im Frühjahr, regelmäßig auch bis ins alte Holz zurückgeschnitten. Auch bereits gut entwickelte Verzweigungen werden dann entfernt, um diese im gesamten Kronenbereich gleich stark zu halten.
Bei der ersten Gestaltung einer Roh- oder Baumschulpflanze muss oft eine große Zahl Äste komplett entfernt werden. Hierbei lässt man im unteren Kronenbereich die kräftigeren Äste stehen und im oberen die dünneren.

Große Schnittstellen verheilen besonders im Frühjahr mit oder nach dem ersten Laubaustrieb. Nadelbäumen entfernt man kräftige Äste während der Winterruhe, weil sie dann nicht so stark ausharzen. Die Lärche kann allerdings wie ein Laubbaum behandelt werden.
Große Schnittwunden müssen grundsätzlich mit einem Wundverschlussmittel behandelt werden, entsprechende Präparate sind im Fachhandel erhältlich.

Alle langen, nach unten hängenden Wurzeln werden abgeschnitten.

Die Löcher der neuen Schale mit einem Gitter versehen.

Dann können neues Dränagematerial und Bonsaierde eingefüllt werden.

Wurzelschnitt

Da Wurzeln und Äste sich gegenseitig versorgen, sollten beide in einem ausgeglichenen Verhältnis zueinander stehen. Also werden auch die Wurzeln regelmäßig zurückgeschnitten – allerdings nicht wie die Äste während der Wachstumszeit, sondern in einer Ruhephase. Am besten reagieren die meisten Bäume auf einen Wurzelschnitt, wenn dieser im zeitigen Frühjahr, vor dem ersten Austrieb, vorgenommen wird. Gleichzeitig wird die Pflanzerde ausgewechselt.
Zunächst wird der Wurzelballen aus der Schale genommen. Die außen liegenden Wurzeln sind dicht aneinandergedrückt und manchmal mehrfach im Kreis gewachsen. Sie werden vorsichtig mit Hilfe einer »Kralle« auseinandergezogen. Gleichzeitig wird hierbei ein Teil der alten Erde entfernt. Sind alle Wurzeln in die Himmelsrichtungen ausgerichtet, hängen einige lang herunter. Diese können soweit eingekürzt werden, dass der Wurzelballen, ohne dass Wurzeln in ihrer Richtung verändert werden müssen, in die nun vorgesehene Schale passen. Dann werden die Wurzeln, die direkt unter dem Stamm herauswachsen, entfernt, so dass später nur noch Wurzeln, die Bestandteil des Wurzelansatzes sind, den Baum ernähren. Von diesen werden die dickeren kräftiger eingekürzt als die dünneren. Dadurch gleichen sie sich in der Stärke einander an.
Die Schale kann, wenn die Krone des Bonsai es erfordert, nun etwas größer als bisher gewählt werden. Die Abzugslöcher der neuen Schale werden mit Gittern versehen, damit beim Gießen keine Erde ausgeschwemmt wird. Anschließend wird zunächst grobes Material, zum Beispiel Lehmgranulat, als Dränage in die Schale gegeben. Dann stellt man den Bonsai auf einer dünnen Schicht Pflanzsubstrat, das für viele Bäumchen auch aus einem hohen Anteil Lehmgranulat einer feineren Körnung bestehen kann, wieder in die Schale.
Der Bonsai kann nun mit einem Draht über die Abzugslöcher an der Schale fest gebunden werden, damit ihn der Wind nicht hin und her bewegt. Anschließend füllt man die Schale mit Bonsai-Erde auf und versorgt mit Hilfe eines Stäbchens auch enge Wurzelzwischenräume mit Erde. Obenauf gibt man eine Schicht feiner Erde, dies fördert die Entwicklung von Moos.

Durch einen regelmäßigen Rückschnitt der Wurzeln wird erreicht, dass sie sich, ähnlich wie die Äste der Krone, fein verzweigen.
So hat eine viel größere Wurzelmasse im kleinen Gefäß Platz. Neben der feineren Verzweigung wird der Wurzelansatz, also die am Stammfuß sitzenden, sichtbaren Wurzeln, beim Schnitt entwickelt.

Das Drahten

Eine wichtige Methode, einen Bonsai in die gewünschte Form

Ältere Astteile mit dickem, junge mit dünnem Draht umwickeln.

Der Draht wurde hier nicht rechtzeitig entfernt.

zu bringen, ist das so genannte Drahten. Man umwickelt die betreffenden Äste mit Draht, wodurch sie sich in ihrer Stellung verändern lassen und auf diese Weise ihre Form behalten. Nach zwei bis sechs Monaten, wenn der Draht durch das Dickenwachstum der Äste zu eng wird, sollte er wieder entfernt werden. In der Regel verbleibt der Ast danach in der gewünschten Stellung.

Zum Drahten eignet sich Aluminium-, Kupfer- oder Eisendraht. Die Unterschiede liegen hauptsächlich in der Härte. Aluminium, das weichste Material, schont die Rinde des Baumes. Er muss besonders dick sein, um so viel Kraft ausüben zu können, dass er einen Ast in einer bestimmten Stellung halten kann. Dieser Draht wird am häufigsten verwendet. Verlangt man im Fachhandel **Bonsai-Draht**, erhält man in aller Regel Draht aus Aluminium. Er ist außen braun eloxiert, so dass er am Baum aus der Ferne nicht auffällt. **Kupferdraht**, der zur Bonsai-Gestaltung verwendet werden soll, wird durch Ausglühen weich gemacht, durch das Biegen beim Drahtungsvorgang verhärtet er wieder. Mit ihm lassen sich auch stärkere Äste biegen. Allerdings schneidet dieser dünne Draht leicht in die Rinde ein. Das Drahten mit Kupfer muss ausreichend geübt werden, bevor man einen wertvollen Baum damit bearbeitet. In Japan wird Kupferdraht hauptsächlich für die Formung von Nadelbäumen verwendet.

Draht aus Eisen ist besonders billig, aber auch sehr hart und deshalb nur schwer zu handhaben. Außerdem oxydiert er und hinterlässt Roststellen auf der Rinde. Trotzdem wird er, besonders in China, häufig benutzt. In Europa ist er allerdings unüblich.

Für starke Äste benutzt man dicke Drähte, für junge Äste dünnere. Der Draht wird spiralenförmig um den Ast gewickelt und die einmal eingeschlagene Windungsrichtung wird am gesamten Baum beibehalten.

Auch sollten sich keine Drähte kreuzen. Wenn möglich, werden mit einem Drahtstück zwei Äste umwickelt.

Plastikschlauch um Spanndrähte schützt den Ast vor Verletzung.

Äste, die so dick sind, dass sie mit Hilfe des Drahtes nicht mehr befriedigend korrigiert werden können, sollten gespannt werden. Hierzu befestigt man den betreffenden Ast an einem dünnen Draht, mit dessen Hilfe dieser in die gewünschte Richtung gezogen wird. Der Spanndraht muss an der Auflagefläche gepolstert werden, damit er nicht in die Rinde einschneidet.

auf einen blick

- Durch den regelmäßigen Rückschnitt der Äste und Wurzeln mit geeignetem Werkzeug wird ein Bonsai in Form gehalten und weiterentwickelt.
- Die Form kann zusätzlich korrigiert werden, indem Äste mit Draht umwickelt werden, wodurch sich diese in eine andere Stellung bringen lassen.

Wege zum Bonsai

Besonders faszinierend ist es, sich seinen Bonsai selbst heranzuziehen. Aus dem Urlaub mitgebrachter Samen, kleine Stecklinge oder ein Findling aus der Natur können Ausgangsbasis für dieses schöne Hobby sein.

Der gekaufte Bonsai

Hat man vor, einen Bonsai zu kaufen, sollte man sich bei der Entscheidung, welcher Baum es sein soll, von folgenden Punkten leiten lassen:

- von der Baumart,
- von der Qualität der bisherigen Bearbeitung,
- von der Form, und natürlich auch
- vom Preis.

Hat man keinen Garten oder Balkon zur Verfügung, muss man sich auf Bäume beschränken, die ganzjährig in der Wohnung stehen können. Ein Anfänger greift in einem solchen Fall am besten zunächst zur Gattung *Ficus,* den Feigenbäumen. Sie werden in vielen Arten zu Bonsai gestaltet und sind leicht zu pflegen.

Hat man einen Balkon oder sogar einen Garten zur Verfügung, entscheidet man sich besser für einen Freiland-Bonsai. Da diese Bäume in ihrem natürlichen Klima, nämlich im Freiland gehalten werden, sind sie um vieles robuster als die meisten Zimmerbonsai und somit auch widerstandsfähiger gegen Pflegefehler, die anfangs kaum zu vermeiden sind. Schließlich müssen die Lichtverhältnisse so sein, wie es die entsprechende Baumart gerne hat. Ist der Platz, an dem der Baum stehen soll, zum Beispiel sehr sonnig, wählt man eine Pflanze, die entsprechende Bedürfnisse hat, wie etwa Kiefern oder Ulmen.

Bäume mit groben Pflegefehlern oder Mängeln in der Form sollte man nicht kaufen. Zum Beispiel sind die Spuren eingewachsener Drähte auch nach vielen Jahren noch zu erkennen.

Der Preis eines Bonsai ist abhängig von der investierten Arbeit und vom Alter eines Baumes. Für einen Anfänger ist es nicht einfach, das Alter eines Bonsai einzuschätzen. Ein Bonsai mit einem dicken Stamm, aber gleichzeitig mit großen unverwachsenen Schnittstellen kann jünger sein als ein nur halb so dicker Baum ohne offene Schnittstellen. Auch der Grad der Verzweigung kann ein Anhaltspunkt für das Alter sein: Je feiner verzweigt der Baum ist, um so älter ist er. Ein Bonsai ist niemals »fertig«. Er befindet sich in einer ständigen Weiterentwicklung. Je ausgereifter ein Baum beim Kauf ist, um so teurer ist er.

Für die ersten Versuche wählt man eine nicht so alte und

◀ Feld-Ulme *(Ulmus minor),* Besenform, Höhe 70 cm, ca. 20 Jahre.

Der Fächer-Ahorn zählt zum Standardangebot im Bonsailaden.

Stecklinge sind oft weniger wuchskräftig als Veredelungen, weshalb letztere in professionellen Baumschulen den Stecklingen vorgezogen werden. Bei Bonsai ist der Verlauf und das Aussehen des Stammes wichtiger als schnelles Wachstum. Hier verzichtet man, wenn möglich, auf Veredelungen, weil die Pfropfstelle häufig einen Schönheitsfehler am Stamm darstellt.

damit auch nicht so teure Pflanze aus. Eventuelle Verluste lassen sich dann leichter verschmerzen. Die Form ist hier meist nur grob festgelegt, so dass noch viel Spielraum für die eigene Kreativität bleibt.

Stecklinge vor und nach der Bewurzelung.

Bonsai aus Stecklingen

Die Stecklingsvermehrung zählt im Bonsai-Bereich zu den wichtigsten Vermehrungsmethoden. Hierbei wird ein Aststück zum Bewurzeln gebracht. So entsteht eine neue, eigenständige Pflanze mit den Erbanlagen des Baumes, von dem das Aststück genommen wurde.
Man greift zu Stecklingen, in anderen Bereichen auch zu Veredlungen, wenn eine bestimmte Baumart oder Baumsorte verwendet werden soll.
Zur Stecklingsvermehrung verwendet man belaubte oder benadelte Äste. Stecklinge von Zimmer-Bonsai lassen sich das ganze Jahr hindurch ziehen. Bei den Freilandbäumen liegt eine besonders günstige Zeit im Juni. Stecklinge von Nadelbäumen lassen sich auch im Winter erfolgreich bewurzeln.
Bei den meisten Bäumen bewurzeln diesjährige Triebe, die sich gerade zu verholzen beginnen, am besten, wobei Spitzentriebe manchmal besser wachsen als Seitentriebe.
Für die Stecklingsvermehrung verwendet man nährstoffarme Erde, die im Handel unter dem Namen Pikiererde zu bekommen ist. Dieses Gemisch aus Sand und Torf füllt man in ein mit Abzugslöchern versehenes Gefäß, zum Beispiel einen Blumentopf. Die Erde wird leicht angedrückt, und mit einem Stück Draht werden die Stecklöcher vorgebohrt.
Man schneidet nun 5–9 cm lange Aststücke, entfernt im unteren Bereich die Blätter oder Nadeln, taucht die Schnittstelle in ein Bewurzelungshormon (nicht immer notwendig), steckt die Ästchen in die vorgebohrten Erdlöcher und drückt diese mit dem Finger an. Nun wird die Erde vorsichtig gewässert und anschließend das Gefäß mit einer lichtdurchlässigen Haube, zum Beispiel mit einer Plastiktüte, versehen.

Der heranwachsende Steckling

Das Ganze wird nun warm und hell aufgestellt. Beginnen die Aststücke zu wachsen, ist dies in der Regel auch mit einer Wurzelbildung verbunden. Jetzt kann vorsichtig gelüftet werden, indem in die Tüte anfangs kleine, später größere Löcher geschnitten werden. Sind die Pflänzchen die ersten Zentimeter gewachsen, wird vorsichtig mineralisch gedüngt. Später, wenn sie sich gut entwickelt

So verpackt, verbrauchen die Stecklinge nicht zu viel Wasser.

und bewurzelt haben, werden die Pflänzchen einzeln gepflanzt. Eine Pfahlwurzel bildet sich bei Stecklingen nicht. Es sitzen sehr oft alle Wurzeln in einer Ebene und wachsen gleichmäßig in alle Himmelsrichtungen. Schon jetzt können die längsten eingekürzt werden, damit die anderen aufholen können und alle Wurzeln später ähnlich stark sind.

Stecklinge in Form bringen

Stecklinge können frühzeitig auf ihre spätere Form vorbereitet werden. Um einen kräftigen Stamm mit fließender Verjüngung, bei der aufrechten Form bis in die Spitze, zu erreichen, wird der Stamm mehrmals so eingekürzt, dass ein Seitenast die Stammverlängerung und damit die Spitze übernimmt. Soll eine Besenform entwickelt werden, schneidet man den Stamm da zurück, wo die Krone beginnen soll. Die sich in der Nähe der Schnittstelle befindlichen Äste werden zur Entwicklung der Krone verwendet. Noch am unteren Stammbereich wachsende Äste, die nicht für den Kronenaufbau gebraucht werden, bleiben noch erhalten, weil sie für ein gesteigertes Dickenwachstum des Stammes in dem Bereich, in dem sie wachsen, sorgen. Erst später werden sie dann entfernt. Hierbei muss beachtet werden, dass die entstehende Schnittstelle um so größer wird, je länger man mit dem Entfernen wartet.

Auch der japanische Dreispitzahorn *(Acer buergerianum)* lässt sich leicht durch Stecklinge vermehren.

Solche Wacholder sind im Gartencenter erhältlich.

Die Erde wird oben bis zu den ersten kräftigen Wurzeln entfernt.

Überflüssige Äste werden abgeschnitten und die Höhe festgelegt.

Bonsai aus einer Baumschulpflanze

Sehr viel Zeit spart man, wenn zur Gestaltung eine ältere Pflanze verwendet wird. Dies kann eine Baumschulpflanze, eine Topfpflanze aus dem Blumenladen oder Gartencenter oder ein so genannter Rohling aus einem Bonsai-Fachbetrieb sein. Die beste Zeit, nach einer geeigneten Pflanze auf die Suche zu gehen, liegt bei Freilandbäumen zwischen dem Auftreten der Herbstfärbung und dem Austreiben der neuen Blätter im Frühjahr. Zimmerpflanzen können das ganze Jahr hindurch gestaltet werden.
Hat man sich für eine Pflanze entschieden, kann mit der ersten Gestaltung sofort begonnen werden.

Bei der Auswahl einer Baumschulpflanze sollte auf den vorhandenen Wurzelansatz, die Stammbewegung und die im unteren Bereich vorhandenen Äste besonderes Augenmerk gelenkt werden. Diese Bereiche prägen das Bild des späteren Bonsai.

Die Gestaltung des jungen Bonsai

Zunächst legt man die Vorderseite des zukünftigen Bonsai fest. Diese Entscheidung sollte nach der Beschaffenheit des Wurzelansatzes, dem Stammverlauf und der Stellung der Äste gefällt werden. Die kräftigen Wurzeln sollten möglichst nach links und rechts wachsen und nicht dem Betrachter direkt entgegen. Der Stamm darf eine möglichst interessante Bewegung machen und die Hauptäste müssen gut erkennbar sein. Dabei sollte man darauf achten, dass nicht zwei Hauptäste an der selben Stelle des Stammes entspringen.
Hat man sich für eine Vorderseite entschieden, wird der Baum in ein erstes Gefäß gepflanzt, sofern er nicht schon in einem Bonsai-Topf gekauft wurde. Starke Eingriffe in den Wurzelbereich sollten auf später verschoben werden. Deshalb sollte das erste Gefäß so groß sein, dass der Wurzelballen ohne viel Mühe hinein passt. Außerdem entwickelt sich ein Baum in einem größeren Gefäß deutlich schneller.
Jetzt wird festgelegt, welche Äste entfernt werden müssen. Hierbei hält man sich an die

Die verbliebenen Äste werden jetzt gedrahtet.

Dann kann man die Äste in die richtige Stellung bringen.

Nun muss noch das nach unten hängende Grün entfernt werden.

Regel: dickster Ast unten und dünnster an der Spitze. Das bedeutet, dass an Stellen, an denen mehrere Äste sitzen, im unteren Kronenbereich die dünneren entfernt werden und im oberen Kronenbereich die dickeren. Zudem kann es hilfreich sein, wenn man sich die typischen Eigenschaften der Stilarten (siehe ab Seite 13) vor Augen hält.
Sind die überschüssigen Äste entfernt, bringt man die verbliebenen in die gewünschte Richtung. Auf Drahten (siehe Seite 37 f.) reagieren die meisten Bäume sehr willig, wenn dies mit dem Frühjahrsaustrieb geschieht.
Im übrigen Jahr ist es für Bonsai-Anfänger sicherer, zu spannen. Hierzu werden Befestigungsmöglichkeiten an dem Pflanzgefäß installiert. Das können bei Holzkisten Nägel sein, in Kunststoffgefäßen Löcher und in Bonsai-Schalen werden dicke Drähte, deren Enden zu Ösen gebogen sind, durch die Abzugslöcher befestigt.

Nach ein paar Wochen kann der frisch gestaltete Wacholder dann die erste Schale erhalten.

Zum Spannen verwendet man möglichst dünnen Draht. Das eine Ende wird zum Schutz der Astrinde durch ein Stück Kunststoffschlauch gezogen und der betreffende Ast daran befestigt. Dann zieht man den Ast in die gewünschte Stellung und befestigt das zweite Ende an der Pflanzschale. Sind alle Äste ausgerichtet, kann die Länge bestimmt und entsprechend eingekürzt werden. Nun wird die Pflanze für 14 Tage an einen hellen, aber schattigen Platz gestellt, damit sie sich an ihre neue Situation in Ruhe gewöhnen kann.

Die Weiterbehandlung

Danach wird sie entsprechend der Jahreszeit gehandelt. Steht der Winter noch bevor, wird ein Freilandbaum eingegraben oder anderweitig vor Frost geschützt. Hat das Frühjahr begonnen und treibt der Baum bereits aus, kann gedüngt werden. Außerdem dürfen jetzt auch die dünneren Seitenzweige, die nicht gespannt wurden, gedrahtet werden. Der Zuwachs wird im Laufe des ersten Jahres entsprechend der Stellung der Äste in der Krone zurückgeschnitten. Das bedeutet in den meisten Fällen, dass im oberen Teil der Krone kräftiger zurückgeschnitten wird als im unteren Teil. Äste, die noch an Dicke zulegen sollen, werden erst dann geschnitten, wenn sie kräftig genug geworden sind.
Hat der Baum einen Teil seiner ersten Entwicklung vollzogen, kann er im nächsten Frühjahr in eine passende Bonsai-Schale gepflanzt werden.

Bonsai aus Findlingen (Yamadori)

Die ursprünglichste Methode, einen Bonsai zu gestalten, ist es, eine Pflanze in der Natur zu suchen und auszugraben. Die wertvollsten und ältesten Bonsai in Japan sind aus solchen Pflanzen entstanden.
Bei uns ist es auch aus Naturschutzgründen nicht erlaubt, Pflanzen ohne Genehmigung der Natur zu entnehmen. Hat man eine günstige Pflanze gefunden, besorgt man sich also eine entsprechende Sammelerlaubnis. Dafür sind meist die Forstbehörden zuständig.
Alte, aber klein gebliebene Bäume findet man in der Natur gar nicht so selten. In der Nähe von Wildwechseln stehen fast in jedem Wald Buchen, die regelmäßig vom Wild zurückgefressen werden. Solche Pflanzen entwickeln einen kurzen, kräftigen Stamm und eine dicht verzweigte, kleine Krone. Auch im Hochgebirge findet man uralte, kleine Gehölze. Hier handelt es sich in der Regel um Nadelbäume. Diese Pflanzen bleiben wegen verschiedener Umwelteinflüsse klein, unter anderem wegen der geringen Menge Erde, die zur Verfügung steht, sowie der kürzeren Vegetationsperiode.
Einen besonderen Reiz übt die bei alten Pflanzen vorhandene Borke aus, die beim späteren Bonsai das Alter des Baumes nachhaltig unterstreicht. Oft sind auch die beeindruckenden Bewegungen des Stammes Anlass für den Wunsch, einen in der Natur gefundenen Baum zur Bonsai-Gestaltung zu verwenden.

Wacholder *(Juniperus communis)*, aus einem Findling gestaltet.

Vorbereitung zur Entnahme

Ein Jahr, bevor der zukünftige Bonsai aus der Erde genommen wird, durchtrennt man etwa ein Drittel der Wurzeln mit einem starken Spaten, einer Säge oder einer Astschere in einem Abstand von 20 bis 30 cm zum Stamm und deckt die Wurzeln danach wieder gut mit Erde ab. Anschließend werden auch die Äste um ein Drittel eingekürzt. Im darauf folgenden frühen Herbst, etwa Ende September, durchschneidet man ein weiteres Drittel der Wurzeln, wodurch sich neue Seitenwurzeln bilden. Dies schont den Baum und macht es ihm leichter, wenn er im kommenden Frühjahr ganz ausgegraben wird. Der beste Zeitpunkt hierfür liegt bei den meisten Bäumen kurz vor oder während des Anschwellens der Knospen, also deutlich vor dem Austreiben der Blätter.

Das Eingewöhnen erleichtern

Nach dem Ausgraben wird bei Laubbäumen und Lärchen das Astwerk stark eingekürzt. Äste, die für die Gestaltung nicht benötigt werden, kann man auch ganz entfernen. Anschließend pflanzt man den Baum für ein Jahr in den Garten. Steht kein Garten zur Verfügung, kann auch eine größere Kiste als erstes Quartier dienen. Die ersten Jahre nach dem Sammeln benötigt der Baum, um ein kräftiges Wurzelwerk zu bilden. In dieser Zeit wird er anfangs wenig, später kräftig gedüngt. Gleichzeitig kann durch Zurückschneiden der Äste für einen kompakteren Aufbau der Krone gesorgt werden. Viele Seitenverzweigungen in Stammnähe erhöhen die Gestaltungsmöglichkeiten. Zeigt der Baum durch sein Wuchsverhalten an, dass der Wurzelballen sich regeneriert und er auch die Umstellung in die andere Erde gut überstanden hat, kann mit der Feingestaltung begonnen werden. Hierbei kann man so vorgehen, als hätte man eine Baumschul- oder Rohpflanze (siehe Seite 40) vor sich.

Anders als eine Baumschul- oder Rohpflanze hat ein Findling keinen kompakten Wurzelballen. Die Wurzeln in Stammnähe sind oft sogar ausgesprochen spärlich entwickelt. Deshalb sollte ein alter Baum langfristig auf das Ausgraben vorbereitet werden.

Japanische Mädchenkiefer *(Pinus parviflora)*, ebenfalls aus einem Findling gestaltet.

Die Samen der heimischen Bäume reifen oft erst im Herbst.

Nachdem man sich für eine Vorderseite entschieden hat, pflanzt man den Baum im Frühjahr in ein kleineres Gefäß. Dies könnte schon eine erste Bonsai-Schale sein. Die nicht benötigten Äste werden jetzt entfernt. Die anderen werden durch Drahten (siehe Seite 84) oder Spannen in die gewünschte Stellung gebracht und anschließend auf die notwendige Länge eingekürzt.
Nun wird die Pflanze für mindestens zwei Wochen hell und windgeschützt aufgestellt. Danach kann sie entsprechend ihren natürlichen Bedürfnissen sonnig oder halbschattig stehen und auch mit dem Düngen kann begonnen werden. Durch regelmäßiges Zurückschneiden, eventuell ergänzt durch weitere Drahtungsarbeiten oder das Ausarbeiten von Jin-Partien (siehe Seite 73), entwickelt man den Baum in den nächsten zwei Jahren in die gewünschte Richtung. Hat der Baum nach dieser Zeit eine gewisse Reife erreicht, kann man ihm eine auf ihn zugeschnittene Schale anpassen.

Will man eine Pflanze der Natur entnehmen, sollte dies nie spontan geschehen, sondern sorgfältig vorbereitet sein. Zunächst besorgt man sich eine Sammelgenehmigung bei der zuständigen Behörde. Dann kann man zur richtigen Jahreszeit, in der Regel im Frühjahr, die Pflanze mit geeignetem Werkzeug in Ruhe ausgraben.

Bonsai aus Samen

Die schwierigste Methode, zu einem Bonsai zu kommen, ist die Anzucht aus Samen. Deshalb sollte der Anfänger besser zu einer Jungpflanze greifen. Ein häufiger Grund, warum ein Baum aus Samen herangezogen wird, ist die mangelnde Verfügbarkeit des entsprechenden Pflanzenmaterials. Man entdeckt zum Beispiel im Urlaub einen besonders beeindruckenden Baum, von dem man glaubt, dass er auch als Bonsai gehalten werden kann. Entsprechende Jungpflanzen sind aber nicht zu bekommen, so dass man auf die eventuell gerade reif am Baum hängenden Samen angewiesen ist. Außerdem lassen sich Pflanzen als Samen leicht aufbewahren und transportieren. Die Samen der unterschiedlichen Bäume müssen allerdings häufig auch verschieden behandelt werden, um keimfähig zu bleiben.

Samen richtig behandeln

Das Wichtigste ist, gesammelte Früchte vor Schimmel zu schützen, weshalb sie auf keinen Fall in einem geschlossenen Behälter aufbewahrt werden dürfen. Beerenfrüchte sollten bis zur Heimfahrt luftig gelagert und bei entsprechendem Wetter getrocknet werden.
Die in Hülsenfrüchten enthaltenen Samen der Akazien beispielsweise transportiert man in einem luftdurchlässigen Stoffbeutel. Sie vertragen in der Regel ebenso wie die Samen aus Nadelbaumzapfen trockene Lagerung, bis sie ausgesät werden. Viele andere Samen wie Eicheln, Bucheckern, Nüsse und Kastanien verlieren, wenn sie aus-

Wurzelschnitt beim einjährigen Sämling

trocknen, ihre Keimfähigkeit. Sie werden deshalb in feuchtem Sand kühl gelagert, bis sie ausgesät werden können. Andere sind innerhalb ihrer Frucht einige Zeit lagerfähig, sollten aber, sobald das Fruchtfleisch zu faulen beginnt, von diesem befreit und dann entweder in feuchtem Sand kühl gelagert oder direkt ausgesät werden.

So wird ausgesät

Zur Aussaat füllt man ein nährstoffarmes Substrat, zum Beispiel Pikiererde, in ein mit Abzugslöchern versehenes Gefäß. Dies kann ein normaler Blumentopf oder auch ein spezielles Aussaatgefäß sein.
Die Erde wird leicht angedrückt, die Samen mit etwas Abstand aufgelegt, eventuell auch leicht angedrückt und mit einer dünnen Schicht Erde abgedeckt. Das Ganze wird gut angegossen und eine Plastiktüte oder eine spezielle Abdeckhaube über das Gefäß gestülpt. Bis zum Keimen sollte die Erde gleichmäßig feucht, aber nicht nass gehalten werden. Sie darf auf keinen Fall austrocknen.
Sobald die ersten Keimlinge sprießen, wird langsam gelüftet und später die Abdeckung ganz entfernt. Es ist sehr wichtig, dass die Keimlinge in den ersten Lebenswochen nicht zu feucht gehalten werden, da sie sonst schnell wieder absterben. Bei den empfindlichen Arten sollte die Oberfläche der Erde vor dem Wässern gut abtrocknen und danach nur leicht feucht sein. Dies erreicht man durch ein Wässern von unten. Dazu stellt man das Saatgefäß in ein Tablett mit nicht zu viel Wasser, so dass sich nur der untere Teil des Substrates mit Wasser vollsaugen kann.
Sind die Sämlinge kräftiger geworden, werden sie einzeln gesetzt. Hierbei kann eine eventuell vorhandene Pfahlwurzel stark eingekürzt werden, um schon jetzt die Entwicklung der Seitenwurzeln zu fördern. Der oberirdische Teil der Pflänzchen wird frühestens im zweiten Jahr zurückgeschnitten. Die weitere Behandlung erfolgt dann wie bei Bonsai, die aus Stecklingen gezogen werden sollen (siehe Seite 38).

Viele in Beerenfrüchten enthaltene Samen erreichen ihre Keimfähigkeit in der Natur durch das Passieren eines Vogeldarms. Einen ähnlichen Effekt erzielt, wer die Beeren in Wasser zerdrückt, sie einige Tage gären lässt und danach direkt aussät.

auf einen blick

- Einen Bonsai aus Samen oder Stecklingen zu ziehen, ist sehr langwierig, hat aber den Vorteil, dass er von Anfang an nach den eigenen Vorstellungen gestaltet werden kann.
- Aus Baumschulpflanzen lassen sich schneller beeindruckende Ergebnisse erzielen. Leider sind die zur Verfügung stehenden Arten begrenzt.
- Viel Geduld und Sorgfalt bei der »Ernte« wie bei der späteren Formung erfordert das Ziehen eines Bonsai aus einem Findling.

Die schönsten Bonsai im Porträt

Miniaturen der großen Vorbilder schaffen – das ist die Kunst des Bonsai. Beobachtungsgabe, Liebe zum Detail und handwerkliches Geschick lassen aus einem kleinen Steckling im Laufe der Jahre einen wohl proportionierten Minibaum werden.

Feldahorn mit beginnender Herbstfärbung, Höhe 90 cm, ca. 50 Jahre.

Laubbäume

Unter den Freiland-Bonsai sind die Laubbäume diejenigen, die sich wie die Bäume in der Natur – je nach Jahreszeit – ständig in einem neuen Bild zeigen. Gleichzeitig sind sie leicht zu pflegen, was sie auch für Anfänger besonders reizvoll macht.

Feldahorn *(Acer campestre)*

Dieses auch häufig in Hecken angepflanzte Gehölz zählt zu den heimischen Bäumen. Ein alter, freistehender Feldahorn bildet auf einem kurzen Stamm eine runde Krone. Seine unscheinbaren Blüten erscheinen im Mai. Relativ kleine (3–5 cm), gegenständig angeordnete, 3–5 lappige Blätter treiben kurz vor oder mit der Blüte im Mai und verfärben sich im Herbst leuchtend gelb bis orange. Die Zweige sind häufig mit Korkleisten versehen, ältere Stämme bilden später eine netzrissige, kräftige Borke.

Pflege: Der Feldahorn-Bonsai bevorzugt einen sonnigen bis halbschattigen Standort, auch windexponierte Stellen verträgt er gut.
Ist diese Stelle nicht überdacht, so dass die Pflanze Regenwasser abbekommt, kann bei Bedarf auch mit hartem Leitungswasser gegossen werden.
Da leicht erhöhte Salzkonzentrationen im Boden gut vertragen werden, übersteht der Feldahorn sogar längere regenfreie Sommerphasen meist ohne Blattschäden.
Als Pflanzsubstrat hat sich ein Gemisch aus AKADAMA, Pikiererde, Lavasplitt und grobem Sand im Verhältnis 3:3:2:1 bewährt. Mindestens alle zwei Jahre sollte die Erde zu zwei Dritteln ausgewechselt werden.

Gedüngt wird von Mai bis August mit organischem Bonsai-Dünger. Auf den Herbst wird der Baum mit einer stickstoffarmen, kaliumbetonten Düngung Ende August vorbereitet. Eine sichere Überwinterung geschieht durch das Einsenken des Ballens ohne Pflanzschale an schattiger Stelle im Garten oder auf dem Balkon in einer mit Sand und Torf gefüllten Kiste.

Gestaltung: Von den japanischen Stilarten kommt die Be-

◀ Waldkiefer oder Föhre *(Pinus sylvestris)*, Höhe 22 cm, ca. 50 Jahre.

senform der natürlichen Wuchsform am nächsten, sehr gut zu verwirklichen ist auch die Aufrechte Form. Der Feldahorn lässt sich aber auch in alle anderen Stilarten gestalten.

Drahten: Wie bei allen Ahorn-Arten ist auch beim Feldahorn die Rinde sehr empfindlich, so dass vorsichtig gedrahtet werden muss. Sehr eng angelegte Drähte hinterlassen oft bleibende Narben. Um das Einwachsen zu verhindern, muss der Draht ständig beobachtet werden. Meist sind nur die einjährigen Äste noch leicht zu biegen, zum Formen älterer Äste sollten Spanndrähte verwendet werden.

Feldahorn, Felsenform, Höhe 40 cm, ca. 10 Jahre.

Rückschnitt: Vor dem Austrieb im Frühjahr werden alle Äste so stark wie möglich zurückgeschnitten unter Berücksichtigung des zu erwartenden Zuwachses im bevorstehenden Jahr. Nach diesem Rückschnitt sollten die verbliebenen Knospen so viel Raumfreiheit haben, dass der Neuaustrieb nicht von anderen Trieben überdeckt wird. Je nachdem, in welcher Entwicklungsstufe sich der Baum befindet wird der Frühjahrsaustrieb zu einem früheren oder späteren Zeitpunkt beschnitten: Soll der Stamm noch an Dicke zulegen, wird ab einer Trieblänge von etwa 20 cm auf zwei bis drei Blattpaare zurückgeschnitten. Legt man mehr Wert auf eine feinere Verzweigung, kann der erste Austrieb bereits bei einer Länge von etwa 10 cm auf ein oder zwei Blattpaare zurückgeschnitten werden. Nach jedem Rückschnitt treibt der Feldahorn innerhalb von zwei bis drei Wochen wieder aus. Deshalb erfolgt der letzte Rückschnitt Ende Juli. Der folgende Austrieb wird pinziert (siehe Seite 49), was in der Regel einen Austriebsstopp bewirkt. Ein Blattschnitt im Mai wird gut vertragen. Dickere Äste sollten nicht vor dem Frühjahrsaustrieb entfernt werden, weil der Baum sonst stark bluten kann.

Pflanzenbeschaffung: Samen sammelt man ab August, bewahrt diese in feuchtem Sand im Kühlschrank auf und sät im Frühjahr aus.

Ältere Pflanzen findet man, oft schon sehr schön entwickelt, im Bonsai-Fachhandel.

Fächerahorn *(Acer palmatum)*

Der Fächerahorn kommt in seiner asiatischen Heimat als kleiner Baum an Waldsäumen und in Mittelgebirgen auch an sonnenexponierten, luftigen Stellen vor. Die mit fünf lanzettlichen Lappen versehenen Blätter treiben sehr früh. Sie sind im Austrieb rötlich, später grün und im Herbst leuchtend orange bis rot gefärbt. Der lange glatte Stamm kann im Alter eine dünne Borke entwickeln. In Japan wird er seit Jahrhunderten in der Garten- und Bonsai-Gestaltung verwendet.

Pflege: Als Bonsai sollte der Fächerahorn einen halbschattigen bis schattigen, vor starkem Wind geschützten Platz erhalten. Gegossen wird er mit kalk- und salzarmem Wasser (am besten Regenwasser). Auf starken Wind, zu hohen Salzgehalt im Boden und auf zu häufiges oder zu geringes Gießen reagiert der Fächerahorn mit braunen Blattspitzen. Als Pflanzsubstrat kann die gleiche Mischung wie beim Feldahorn verwendet werden. Junge Pflanzen erhalten alle ein bis zwei Jahre frische Erde. Ältere Bäume können auch seltener umgepflanzt werden.

Der Fächerahorn ist nur bedingt winterhart, das heißt, Temperaturen unter –5 °C im Wurzelbereich können ihn schädigen. Deshalb wird er ohne Schale an schattiger Stelle im Garten überwintert, wobei der Wurzelballen in die Erde eingesenkt wird, oder auf dem Balkon in einer mit Torf und Sand gefüllten Kiste. Bei Temperaturen unter –5 °C deckt man den Baum zusätzlich mit Laub, Zweigen, Stroh oder einer Folie ab.

Gestaltung: Die meisten japanischen Stilarten sind möglich. Sehr häufig ist die Frei Aufrechte Form, der Doppelstamm und Mehrfachstämme.

Drahten: Einjährige Äste lassen sich drahten. Die sehr empfindliche Rinde wird aber leicht beim Drahten verletzt, so dass bleibende Narben entstehen. Auch an Druckstellen und dort, wo der Draht beginnt einzuwachsen, entstehen Spuren, die lange sichtbar bleiben. Das Dickenwachstum ist im oberen Kronenbereich besonders stark, so dass im Frühjahr angelegte Drähte bereits oft Ende Mai schon zu eng werden. Ältere Äste sollten deshalb mit Hilfe von Spanndrähten in Form gebracht werden.

Rückschnitt: Auch beim Fächerahorn wachsen Schnittstellen am besten zu, wenn größere Äste im Frühjahr mit dem ersten Austrieb entfernt werden. Schneidet man früher, kann lang anhaltendes Bluten einsetzen.

Jungen, noch zu entwickelnden Pflanzen schneidet man den Zuwachs bei einer Länge ab 20–25 cm zurück. Wie weit zurückgeschnitten wird, hängt vom Entwicklungsgrad des jeweiligen Astes und von seiner Stellung in der Krone ab.

Weiter entwickelte Pflanzen können vom ersten Austrieb an pinziert werden. Hierzu wird mit einer Pinzette die Triebspitze entfernt, sobald sich das zweite bzw. dritte Blattpaar zu ent-

Fächerahorn, (*Acer palmatum* 'Seigen'), Höhe 70 cm, ca. 60 Jahre.

Im Laufe der Jahre haben sich zahlreiche Form- und Farbvarianten herausgebildet, zum Beispiel *Acer palmatum* 'Deshojoh', eine häufig als Bonsai importierte, im Frühjahr leuchtend rot austreibende Sorte. *A. palmatum* 'Seigen' treibt am hellen Standort rosa aus, und die in unseren Baumschulen am häufigsten kultivierte rotblättrige Sorte *A. palmatum* 'Atropurpureum' treibt grün aus und färbt sich bei Sonneneinwirkung sehr schnell rot.

Die Verzweigung eines Fächerahorns, der gesund ist und dessen Stamm bereits eine gewisse Stärke erreicht hat, kann leicht durch einen Blattschnitt verbessert werden. Dieser sollte allerdings bereits im Mai erfolgen.

Fächerahorn, Mehrfachstamm, Höhe 70 cm, ca. 20 Jahre.

wickeln beginnt. Dies bewirkt kurze Blattabstände und feinere Äste.

Pflanzenbeschaffung: Samen keimen oft erst im zweiten Jahr. Jungpflanzen werden im Bonsai-Fachhandel regelmäßig angeboten. Aber auch in Baumschulen sind nicht selten brauchbare Pflanzen zu bekommen. Ältere, bereits gestaltete Pflanzen in allen Preisklassen gehören zum Standardangebot des Bonsai-Fachhandels.

Dreispitzahorn *(Acer buergerianum)*

Dieser aus Asien stammende, in Japan häufig als Alleebaum verwendete Ahorn entwickelt gegenständige, rötlich austreibende, später grüne, dreilappige, glattrandige Blätter, die sich im Herbst orange bis dunkelrot färben. Der im Alter kräftige Stamm wirft die Borke, ähnlich wie Platanen, in größeren Platten ab und ist darunter orangefarben. Bei uns ist er manchmal als Parkbaum anzutreffen.

Pflege: Der Dreispitzahorn zählt in Japan zu den traditionell am häufigsten für die Bonsai-Gestaltung verwendeten Laubbäumen. Seine Neigung, als Bonsai besonders kleine Blätter zu entwickeln und sein Bestreben, auch große Schnittstellen schnell und lückenlos zu schließen, machen ihn auch bei uns zu einem beliebten Bonsai. Der Baum sollte im Freien an einem sonnigen Platz, der nur vor der Mittagssonne geschützt sein muss, aufgestellt werden. Je mehr Luftbewegung vorhanden ist, um so kräftiger und widerstandsfähiger werden die Blätter ausgebildet. Das Pflanzsubstrat sollte gut wasserdurchlässig sein. In Japan wird oft reines AKADAMA verwendet, andere Mischungen sind aber ebenfalls geeignet. Wegen des üppigen Wurzelwachstums werden große Mengen Wasser verbraucht. Zum Gießen sollte salzarmes Wasser, zum Beispiel Regenwasser oder weiches Leitungswasser, verwendet werden. Gedüngt wird reichlich mit einem organischen festen Bonsai-Dünger. Gut haben sich Rapsschrot-Kugeln bewährt. Die Überwinterung erfolgt ohne Schale im Garten durch Einsenken des Ballens in die Erde oder auf dem Balkon in einer Kiste, die mit einer Mischung aus Torf und Sand gefüllt sein kann. Bei Temperaturen unter –5 °C bei Balkonüberwinterung oder unter –10 °C bei einer Überwinterung im Garten wird der Baum

Dreispitzahorn, Aufrechte Form, Höhe 50 cm, ca. 30 Jahre.

zusätzlich mit Zweigen, Stroh oder auch Folie abgedeckt.

Gestaltung: Der Dreispitzahorn ist, wenn man ihn erwirbt, in der Regel bereits vorgeformt. Üblich ist die Aufrechte Form. Auch Doppel- und Mehrfachstämme und die Felsenform werden regelmäßig angeboten. Andere Stilarten und Wuchsformen sind ebenfalls denkbar.

Drahten: Leicht Drahten lassen sich noch ein- und zweijährige Zweige. Ältere Äste sollten durch Spannen in die gewünschte Form gebracht werden. Das Dickenwachstum kann sehr kräftig sein, so dass gedrahtete Zweige regelmäßig kontrolliert werden müssen, um ein Einwachsen des Drahtes in die Rinde zu verhindern.

Rückschnitt: Müssen bei einer Grundgestaltung kräftige Äste entfernt werden, erfolgt dies mit oder nach dem Frühjahrsaustrieb, weil Schnittstellen, die gut mit einem Wundverschlussmittel versorgt wurden, dann besonders schnell zuwachsen. Der erste Austrieb im Frühjahr wird bei wenig entwickelten Pflanzen ab einer Mindestlänge von 10–15 cm zurückgeschnitten. Schon zwei Wochen nach jedem Rückschnitt erscheint der nächste Austrieb, der genauso behandelt wird. Bereits ausgereifte Pflanzen können auch schon ab einer Trieblänge von 5 cm geschnitten oder beim Erscheinen des zweiten Blattpaares pinziert werden. Ab August werden alle folgenden Austriebe nur noch pinziert. Ein Blattschnitt zur Förderung der Verzweigung ist im Mai erfolgreich.

Pflanzenbeschaffung: Samen sind schwer zu bekommen. Der Dreispitzahorn lässt sich aber leicht durch Stecklinge vermehren. Hierzu werden leicht verholzte Triebspitzen verwendet. Jungpflanzen bekommt man regelmäßig im Bonsai-Fachhandel, Rohlinge sind selten. Ältere, bereits vorgestaltete Importbäume sind häufig im Handel zu erhalten.

Die Birke ist einer der wenigen Bäume, die fast jeder mit Namen kennt. Das macht sie auch als Bonsai-Pflanze sehr beliebt. Einen weißen Stamm und Baumform erreichen von den heimischen Arten in der Natur nur die Sand- und die Moorbirke *(Betula pubescens)*. Besonders kleine, rundliche Blätter entwickelt die strauchförmig wachsende Zwergbirke *(Betula nana)*.

Zwergbirke *(Betula nana)*, Höhe 30 cm, ca. 8 Jahre.

Birken-Arten *(Betula)*

Die meisten Birken wachsen in der Natur unter Normalbedingungen zu schlanken, weißstämmigen Bäumen heran. Die Sandbirke *(Betula pendula)* entwickelt außerdem nach oben gerichtete Äste mit nach unten hängenden Astenden. Sie kann eine Höhe von 20 m und mehr erreichen und ist im unbelaubten Zustand leicht an ihren warzigen Zweigen zu erkennen. Die wechselständigen Blätter treiben meist erst kurz nach der Blüte von April bis Mai. Die Herbstfärbung ist leuchtend gelb bis orange.

Birken sind einhäusig, das heißt, es gibt weibliche und männliche Pflanzen, die Bestäubung erfolgt durch den Wind. Ihre Früchte, geflügelte Nüsschen, reifen ab Juni und werden ebenfalls vom Wind verbreitet.

Pflege: Als Standort wählt man für den Birken-Bonsai einen sonnigen luftigen Platz, an dem sich an heißen Tagen die Hitze nicht staut. An das Pflanzsubstrat stellt die Birke keine besonderen Ansprüche. Allerdings muss überschüssiges Gießwasser gut ablaufen können. Da Birken nach dem Wurzelschnitt nicht mehr frosthart sind, werden sie am besten mit beginnendem Austrieb umgepflanzt. Wasser wird in großen Mengen verbraucht, wobei auch Leitungswasser verwendet werden kann, ihre Salzempfindlichkeit macht jedoch reichliche Wassergaben oder die Verwendung von Regenwasser notwendig. Auf Ballentrockenheit und auf große Hitze wird mit dem Abwurf der inneren Blätter reagiert. Ab Austriebsbeginn bis Anfang August kann vierzehntägig organischer Bonsai-Dünger gegeben werden. Hat der Baum im Herbst normal das Laub abgeworfen, ist er sehr frostfest. Um auch im Winter ständig einen gleichmäßig feuchten Ballen zu gewährleisten, sollte dieser, nachdem der Baum das Herbstlaub abgeworfen hat, ohne Schale im Garten oder auf dem Balkon eingesenkt werden.

Gestaltung: Werden Schnittstellen nicht sorgfältig verschlossen, entstehen, auch noch nach längerer Zeit, leicht Infektionen, die zum Absterben des entsprechenden Astes führen. Wird dies jedoch beachtet, lässt sich eine Birke leicht gestalten. Es sind alle Stilarten denkbar. Typisch für die Sandbirke in der Natur sind, wie bereits erwähnt, eine schmale Krone und hängende Zweige. Die Hauptäste richten

Sandbirke *(Betula pendula)*, Höhe 80 cm, ca. 15 Jahre.

dieser Zeit am schnellsten repariert werden.

Rückschnitt: Nach jedem Rückschnitt treibt eine gut ernährte Birke innerhalb von vier Wochen neu aus. Kräftige Äste entfernt man während der Vegetationszeit zwischen April und Juni. Ab August den Neuaustrieb nur noch pinzieren, um einen Austriebsstopp zu erreichen. Ist trotzdem bis zum ersten Frost keine Herbstfärbung zu erkennen, muss die Pflanze bei Temperaturen unter –2 °C geschützt werden.

Pflanzenbeschaffung: Die reifen Samen können über Winter trocken gelagert und im Frühjahr ausgesät werden. Im Sommer findet man Sämlinge in fast jedem Blumenkasten oder auch auf der Erdoberfläche anderer Bonsai. Im Bonsai-Fachhandel werden regelmäßig Birken-Jungpflanzen und Rohlinge angeboten.

sich jedoch, oft auch bei alten Bäumen, noch deutlich nach oben. Das bedeutet, dass beim Bonsai der Neuaustrieb jeweils nach unten gedrahtet werden muss, da dieser nicht, wie in der Natur, so schwer wird, dass er von selbst hängt.

Drahten: Junge Äste lassen sich leicht drahten. Ältere Äste werden besser gespannt. Will man ältere Äste drahten, erfolgt dies am besten im Frühjahr während des ersten Wachstumsschubes. Eventuell entstehende Risse in den Leitungsbahnen können in

Um den typischen weißen Stamm zu erreichen, pflanzt man eine Moor- oder Sandbirke bis zur Weißfärbung im Garten ein, wo sie bereits gestaltet werden kann. Erst dann wird sie in eine Schale gesetzt.

Hainbuche, Höhe 80 cm, ca. 25 Jahre. Kleines Bild: Die weiblichen Blütenstände.

Hainbuche
(Carpinus betulus)

Die Hainbuche, ein kleiner Baum von 5–10 m Höhe, in seltenen Fällen auch bis 25 m, entwickelt oft mehrere Stämme und, wenn sie frei steht, eine ovale Krone. Die im Alter silbrige Rinde der krummen, »muskulösen« Stämme reißt in der Längsrichtung leicht auf, sodass eine interessante Streifenzeichnung entsteht. Nach der Windbestäubung entwickeln sich aus der weiblichen Blüte kleine Nüsschen, die, unterstützt durch ein dreilappiges Flugorgan, vom Wind verbreitet werden. Die eiförmigen, wechselständigen, am Rand doppelt gesägten Blätter treiben Ende April, Anfang Mai. Die Herbstfärbung ist leuchtend gelb. Das später braune Laub bleibt zur Beschattung des Stammes oft den ganzen Winter bis zum Neuaustrieb am Baum.

Pflege: Die vor allem als Heckenpflanze bekannte Hainbuche gehört zu den Birkengewächsen und ist wegen der hohen Schnittverträglichkeit sowie ihrer Wuchsfreudigkeit im Bonsai-Bereich eines der beliebtesten heimischen Gehölze.

Die Hainbuche liebt ganzjährig einen halbschattigen, luftigen Standort im Freien. Bezüglich des Pflanzsubstrates ist sie sehr flexibel. Häufig wird ein Gemisch aus AKADAMA, Pikiererde, Lavasplitt und grobem Sand im Verhältnis 3:5:1:1 verwendet. Bei jüngeren Pflanzen sollte mindestens alle zwei Jahre zwei Drittel des Pflanzsubstrates ausgewechselt werden. Bei älteren, gut entwickelten Pflanzen

ist selteneres Umpflanzen möglich. Häufig entwickelt sich im Substrat ein Symbiose-Pilz, der im Spätsommer seine Fruchtkörper in Form kleiner Pilze bildet.
Die Hainbuche sollte mit Regenwasser gegossen werden, verträgt aber auch Leitungswasser, das jedoch nicht zu kalk- und salzhaltig sein darf, da sonst leicht braune Blattränder auftreten. Der Nährstoffbedarf ist sehr hoch. Gute Erfahrungen wurden mit organischen Bonsai-Düngern in Pulver- oder Kugelform gemacht. Kräftig gedüngt wird ab Austriebsbeginn bis Ende Juli. Treten trotzdem Mangelerscheinungen auf, kann vorsichtig mit Mineraldünger nachgedüngt werden. Aber Vorsicht: Die Hainbuche ist salzempfindlich! Die Überwinterung erfolgt im Garten durch Einsenken des Ballens ohne Schale in die Erde oder in einer Kiste, die mit einem Gemisch aus Torf und Sand gefüllt ist. Bei Temperaturen unter –10 °C kann die Pflanze zusätzlich mit Folie, Stroh oder Tannenzweigen abgedeckt werden.
Gestaltung: Alle japanischen Stilformen sind möglich. Die häufigste ist die Aufrechte Form, die auch ohne Draht, also durch gezielten Rückschnitt, aus einer Jungpflanze gestaltet werden kann.
Drahten: Soll eine ältere Pflanze gestaltet werden, muss in der Regel Draht Verwendung finden. Ein- und zweijährige Äste lassen sich meist noch gut biegen, der Draht wächst allerdings sehr leicht ein. Ältere Äste formt man mit Spanndrähten.
Rückschnitt: Starke Äste entfernt man im Frühjahr, am besten kurz vor dem Austrieb. Dann wachsen die Schnittstellen besonders schnell zu. Je nach Gestaltungsziel kann der Neuaustrieb bei einer Länge zwischen 5 und 30 cm zurückgeschnitten werden nach dem Grundsatz: Je länger der Neuaustrieb werden darf, umso stärker ist das Dickenwachstum.
Auch ein früher Blattschnitt (etwa vier Wochen nach dem ersten Austrieb) wird bei ausreichender Nährstoffversorgung gut vertragen, verzögert allerdings das Dickenwachstum.
Pflanzenbeschaffung: Samen sammelt man im Herbst, bewahrt sie den Winter über in feuchtem Sand im Kühlschrank auf und sät im Frühjahr aus. Jungpflanzen und ältere gestaltete Bonsai sind im Fachhandel erhältlich.

> Da die Hainbuche nach jedem Schnitt neu austreibt, ist eine feine Verzweigung relativ schnell zu erreichen.

Zwergmispel-Arten *(Cotoneaster)*

Zwergmispeln, auch Felsenmispel genannt, sind kleinblättrige, vielgestaltige zierliche bis mittelhohe Sträucher, die häufig in Gärten, öffentlichen Grünanlagen und auf Gräbern zu finden sind. Ihre Heimat reicht von Europa und Nordafrika bis nach Asien.
Es kommen sowohl sommergrüne als auch immergrüne Arten vor. Die Blüte kann weiß bis rot sein und die Farbe der kleinen Früchte variiert gewöhnlich von Rot über Orange bis Gelb.
Pflege: Wegen ihrer kleinen Blätter, Blüten und Früchte eignen sich Zwergmispeln besonders gut zur Gestaltung von Mame-Bonsai, aber auch für Felsenpflanzungen werden sie oft verwendet.
Zwergmispeln müssen ganzjährig im Freien gehalten werden. Sie bevorzugen einen sonnigen bis halbschattigen Standort, der auch windig sein kann.

Zwergmispel, Höhe 20 cm, ca. 10 Jahre.

An das Substrat werden keine besonderen Ansprüche gestellt. Zum Beispiel hält sie sich in purer Japan-Erde (AKADAMA) ebenso wie in einer Mischung aus Lehm, Sand und Pikiererde im Verhältnis 1:1:1. Auch andere gut wasserdurchlässige Substrate können verwendet werden.

Natürlich ist Staunässe zu vermeiden. Deshalb wässert man, sobald die Erdoberfläche leicht angetrocknet ist. Die Zwergmispel erträgt kurzzeitige Trockenheit sehr gut. Gewässert werden kann auch mit hartem Leitungswasser, da ein gewisser Kalkgehalt der Pflanze gut tut.

Gedüngt wird von April bis August mit organischem oder mineralischem Bonsai-Dünger. Überwintert wird im Freien, indem der Ballen ohne Schale in die Erde eingesenkt wird. Immergrüne Arten werden bei Temperaturen unter –10 °C mit Laub, Stroh oder Folie abgedeckt.

Gestaltung: Die Zwergmispeln lassen sich leicht formen. Obwohl sie in der Natur kriechend oder strauchförmig wachsen, lassen sie sich leicht in jede gewünschte Stilart bringen.

Drahten: Mit Hilfe von Draht können auch dreijährige Äste noch relativ leicht in die gewünschte Form gebracht werden. Ältere Äste werden dagegen besser mit Spanndrähten geformt.

Rückschnitt: Bei jungen, wenig entwickelten Pflanzen kann der Rückschnitt ab einer Trieblänge von 10–15 cm erfolgen. Da sie bei dieser Länge oft bereits Seitenäste ausbilden, kann der Rückschnitt so erfolgen, dass ein bereits vorhandener Seitenast die Triebspitze übernimmt. Bereits länger gestaltete und weiter entwickelte Pflanzen werden ab einer Trieblänge von 5 cm auf 1–2 cm zurückgeschnitten.

Sollen bei einer Grundgestaltung ältere Äste entfernt werden, erfolgt dies am besten mit dem Frühjahrsaustrieb, damit das Heilen der Schnittstellen, das wegen des geringen Dickenwachstums nur langsam vor sich geht, nicht noch unnötig verzögert wird.

Pflanzenbeschaffung: Die vom Fruchtfleisch befreiten Samen bewahrt man über Winter in feuchtem Sand im Kühlschrank auf und sät im Frühjahr aus. Zwergmispeln lassen sich auch leicht durch Stecklinge vermehren. Fast jede Gärtnerei hat mehrere geeignete Arten in verschiedenen Altersstufen im Angebot. Ältere Rohpflanzen liefert der Abfallhaufen von Friedhöfen. Aber auch als bereits gestaltete Pflanzen sind verschiedene Arten im Bonsai-Fachhandel erhältlich.

Weißdorn-Arten *(Crataegus)*

Die Weißdorn-Arten wachsen strauch- und baumförmig. Einige bilden einen spannrückigen Stamm, das heißt, dieser ist nicht einheitlich rund, sondern lässt den Verlauf der Leitungsbahnen von außen erkennen und erinnert im Aussehen an die muskulösen Arme eines Leistungssportlers. Die Borke ist flachschuppig und dunkelbraun. Die dunkelgrünen Blätter sind wechselständig angeordnet und färben sich im Winter, je nach Art, gelb bis dunkelrot. Es sind weißblütige Arten ebenso wie solche mit roten Blüten bekannt. Nach Insektenbestäubung entwickeln sich im reifen Zustand dunkelrote Früchte unterschiedlicher Größe, die entsprechend der Griffelzahl der Blüten unterschiedlich viele Kerne enthalten.

Die Äste sind mit zahlreichen Dornen und in Dornen verlaufenden Kurztrieben versehen. In ganz Europa sind die heimischen wie die zahlreichen eingeführten Arten anzutreffen.

Pflege: Der Weißdorn liebt das ganze Jahr hindurch einen sonnigen bis halbschattigen Standort im Freien, der sehr windig sein darf. Die Pflanze kann ständig gut bis mäßig feucht gehalten werden. Wegen ihrer Salzempfindlichkeit sollte bei Verwendung von Leitungswasser ausdauernd gegossen werden, um eine Anreicherung der hier gelösten Salze zu vermeiden. Das Substrat sollte gut durchlässig, also nicht zu feinkörnig sein und aus einer Mischung von AKADAMA, Pikiererde, Lavasplitt und Sand im Verhältnis von 3:3:1:1 bestehen. Der Weißdorn hat einen relativ hohen Nährstoffbedarf. Von April bis Juli kann in einem Abstand von zwei Wochen mit organischem Bonsai-Dünger gedüngt werden. Ab August darf der Stickstoffanteil im Dünger niedriger sein, Kakteendünger ist eine gute Wahl. Überwintert wird durch Einsenken des Ballens ohne Schale im Garten oder auf dem Balkon in einer mit Torf und Sand gefüllten Kiste.

Früchte des Weißdorns.

Weißdorn in Herbstfärbung, Höhe ca. 20 cm, 15 Jahre.

Jungpflanzen findet man meist im eigenen Garten in der Nähe von Vogelsitzplätzen, zum Beispiel in Zaunnähe. Bonsai-Fachbetriebe bieten auch rotblütige Arten in unterschiedlichen Entwicklungsstufen regelmäßig an.

Gestaltung: Der Weißdorn lässt sich, wenn er jung gestaltet wird, leicht in alle japanischen und andere Stilarten bringen.
Drahten: Äste bis zu 5 mm Dicke sind meist noch leicht durch Drahten zu formen. Gedrahtet wird etwa mit Austriebsbeginn, dann sind noch keine Blätter der Bearbeitung im Weg. Das Dickenwachstum ist bei den meisten Arten nicht sehr stark, so dass ein im Frühjahr angelegter Draht in der Regel die gesamte Vegetationsperiode am Baum bleiben kann. Ist der Draht im Herbst noch nicht zu eng geworden, kann er auch über den Winter belassen werden. Mit beginnendem Neuaustrieb im nächsten Jahr wird er dann entfernt und, wenn nötig, durch einen neuen Draht ersetzt.
Rückschnitt: Stärkere Äste schneidet man am besten im Frühjahr. Aber auch dann brauchen die kleinwüchsigeren Arten oft mehrere Jahre, um eine Wunde zu schließen.
Alle am Stamm entstandenen Schnittstellen müssen direkt nach der Gestaltung mit einem Wundverschlussmittel versorgt werden. Der Weißdorn treibt im Frühjahr nicht an allen Knospen Langtriebe aus, die meisten bleiben nach Bildung der ersten Blätter im Wachstum stehen. Die Langtriebe werden bei jüngeren Pflanzen ab einer Länge von etwa 15 cm auf zwei bis fünf Blätter, je nach geplanter Astlänge, zurückgeschnitten. Ältere Pflanzen kann man auch früher einkürzen, um eine möglichst feine äußere Verzweigung zu erreichen.
Pflanzenbeschaffung: Samen der heimischen Pflanzen sammelt man ab September, entfernt das Fruchtfleisch und bewahrt sie in feuchtem Sand im Kühlschrank auf. Im Frühjahr wird dann ausgesät.

Rotbuche und Kerbbuche *(Fagus sylvatica, F. crenata)*

Der Rotbuche, dem in Mitteleuropa wichtigsten Waldbaum, ist die Kerbbuche sehr nah verwandt. Beide Arten entwickeln sich im Freistand zu stattlichen Bäumen, deren Äste fast bis zum Boden reichen und eine mächtige runde Krone bilden. Die graue, bei der Kerbbuche auffällig silbriggraue Rinde bleibt auch bei alten Bäumen glatt. Die einhäusigen Pflanzen blühen unscheinbar, werden vom Wind bestäubt und entwickeln bis zum Herbst in einem Fruchtbecher dreikantige Samen, die bei der Rotbuche essbaren Bucheckern. Die wechselständigen, spitzeiförmigen Blätter sind bei der Kerbbuche etwas schmaler und kleiner ausgebildet. Sie treiben oft erst Anfang Mai aus einer auffällig lang gezogenen, spitzen, zimtfarbenen Knospe aus und sind zunächst samtig bewimpert. Später sind die Blätter allerdings fast kahl. Die Herbstfärbung ist orangegelb bis gelb. Das später braune Laub bleibt oft den ganzen Winter am Baum und wird erst kurz vor dem Neuaustrieb abgeworfen.

Pflege: Als Bonsai bevorzugen beide Buchen einen halbschattigen Standort, der von der Mittagssonne verschont bleibt. Auch starkem Wind sollten sie nicht ausgesetzt sein. Da sie sehr salzempfindlich sind, verwendet man zum Gießen Regenwasser oder anderes salzarmes Wasser. Steht nur Leitungswasser zur Verfügung, muss so stark gegossen werden, dass ein großer Teil des Gießwassers wieder abläuft und dadurch

Überwintert wird im Garten, indem der Ballen an einer schattigen Stelle ohne Schale eingegraben wird, oder auf dem Balkon in einer mit Torf und Sand gefüllten Kiste. Während längerer Frostperioden mit Temperaturen unter –10 °C sollten die Pflanzen zusätzlich mit Zweigen, Stroh oder Folie abgedeckt werden.

Rotbuche *(Fagus sylvatica)*, Höhe 50 cm, ca. 20 Jahre.

Kerbbuche *(Fagus crenata)* mit beginnender Herbstfärbung, Höhe 60 cm, ca. 35 Jahre.

möglicherweise bereits angereicherte Salze wieder ausgeschwemmt werden. Gedüngt wird reichlich ab Austriebsbeginn. Der Dünger sollte einen relativ hohen Kaliumanteil enthalten. Dadurch können die Pflanzen einen besseren Verdunstungsschutz aufbauen. Als Pflanzsubstrat ist ein Gemisch aus AKADAMA, Pikiererde, Lavasplitt und Sand im Verhältnis 3:3:1:1 geeignet. Buchen sollten mindestens alle zwei Jahre umgepflanzt werden.

Gestaltung: Der natürlichen Wuchsform der Buchen entspricht von den japanischen Stilarten am besten die Aufrechte Form. Aber auch die meisten anderen Stilarten sind möglich.

Drahten: Das Drahten erfordert sehr viel Fingerspitzengefühl, da die Rinde leicht verletzt wird und sehr eng anliegende Drähte häufig bleibende Spuren hinterlassen. Im Juni erfolgt ein plötzliches Dickenwachstum, so dass Drähte, die man nur wenige Tage aus den Augen gelassen hat, einwachsen können. Wenn möglich, verwendet man nur Spanndrähte.

Rückschnitt: Sobald der erste Austrieb sich voll entwickelt hat, wird dieser zurückgeschnitten. Ist kein längerer Ast erforderlich, lässt man nur ein oder zwei Blätter stehen. Innerhalb von etwa drei Wochen nach dem ersten Rückschnitt treibt die Buche erneut aus. Auch dieser Austrieb kann auf ein oder zwei Blätter zurückgenommen werden.
Da die am Baum verbliebenen Blätter nun sehr groß werden, kann, wenn der Baum gesund ist und gut gedüngt wurde, nach weiteren zwei Wochen ein Blattschnitt erfolgen. Aber Vorsicht: Ohne Laub wird keine direkte Sonne vertragen – also bis zum nächsten Austrieb schattig aufstellen! Meist treiben die oberen Äste besser als die unteren. Deshalb wird oben immer etwas früher geschnitten als im unteren Kronenbereich. Starke Äste

schneidet man am besten im Frühjahr kurz vor dem Austrieb und verschließt die Schnittstelle mit einem Wundverschlussmittel.

Pflanzenbeschaffung: Samen sammelt man im Herbst, legt diese in feuchten Sand und bewahrt sie bis zum Frühjahr im Kühlschrank auf. Dann sät man aus. Frühestens nach zwei Jahren wird zum ersten Mal geschnitten. In guten Bonsai-Fachbetrieben werden Rotbuchen, aber auch Kerbbuchen in großer Auswahl angeboten.

Apfelbaum-Arten
(Malus)

Der kleine uralte Kulturbaum trägt im Alter eine breit-ovale, oben plattgedrückte, oft auch unregelmäßige Krone. Der spannrückige Stamm zeigt bei älteren Pflanzen eine in Schuppen abbröckelnde Borke. Die im knospigen Zustand rötlichen, später weißen Blüten entwickeln sich nach dem Laubaustrieb im Mai an Kurztrieben. Nach der erfolgten Insektenbestäubung bringt der Baum je nach Sorte mehr oder weniger zahlreiche Früchte hervor, die sich in Größe und Farbe unterscheiden. Die meist eliptischen, am Rand gesägten Blätter sind unterseits leicht filzig behaart. Es sind auch zahlreiche rotlaubige Sorten auf dem Markt. Die Herbstfärbung reicht von schmutzig gelbbraun bis leicht orange.

Pflege: Für die Bonsai-Gestaltung werden meist die kleinfrüchtigen Sorten verwendet. Der Apfelbaum liebt als Bonsai einen sonnigen, luftigen Standort. Sein Wasserbedarf ist sehr hoch. Von allen Baumarten ist er der erste, der an heißen Tagen die jungen Triebspitzen auf Grund von Wassermangel hängen lässt. Der Apfel zählt zu den kalkliebenden Gehölzen und kann deshalb auch mit

Apfelbaum, Höhe ca. 60 cm, ca. 20 Jahre.

Apfelbaum, Höhe 35 cm, ca. 25 Jahre.

Da die meisten Apfelbäume veredelt sind, entwickeln sich aus den Samen nicht die Sorten, denen man den Samen entnommen hat. Es ist deshalb Erfolg versprechender, wenn man sich gleich die gewünschte Sorte als Jung- oder Rohpflanze im Bonsai-Fachhandel besorgt. Hier werden meist verschiedene Sorten in unterschiedlichen Altersstufen angeboten.

hartem Leitungswasser gegossen werden. Als Pflanzsubstrat eignet sich eine Standard-Bonsai-Erde mit einem Anteil an Lehmgranulat, Sand und Pikiererde im Verhältnis 1:1:1. Wegen des hohen Wasserbedarfs sollte das Pflanzgefäß nicht zu klein gewählt werden, damit genügend Wasser vom Substrat für den Tagesbedarf der Pflanze gespeichert werden kann.
Die Düngung erfolgt mit festem organischem Bonsai-Dünger, zum Beispiel Düngekugeln, von Mai bis Mitte August. Eine vorsichtige Mineraldüngung ist ebenfalls möglich. Wird der Baum die gesamte Vegetationsperiode regelmäßig zurückgeschnitten, treibt er bei guter Ernährung bis zum Spätsommer nach jedem Rückschnitt neu aus. Überwintert wird der Apfelbaum im Garten, indem der Ballen ohne Schale an schattiger Stelle eingegraben wird, oder auf dem Balkon in einer mit Torf und Sand gefüllten Kiste.

Gestaltung: Die meist aus Japan importierten Apfelbäume zeigen auf einem dicken kurzen Stamm wenig verzweigte, kräftige blühende oder fruchtende Äste. Diese Bäumchen haben kaum eine Ähnlichkeit mit unserem Apfelbaum in der Natur, sie lassen sich jedoch ähnlich wie andere Gehölze auch in die ganz normale Besenform oder in die Aufrechte Form ziehen.

Drahten: Nur die ein- und zweijährigen Äste lassen sich noch leicht durch Drahten in die gewünschte Richtung biegen. Stärkere Äste formt man, um Verletzungen der Rinde zu vermeiden, am besten mit Spanndrähten.

Rückschnitt: Der Rückschnitt kann je nach Alter des Baumes ab einer Trieblänge von 5–10 cm erfolgen. Mindestens ein Blatt sollte stehen bleiben, um ein Austreiben der Kurztriebe, die in der Regel Blütentriebe sind, zu verhindern. Nach einem starken Rückschnitt im Sommer kommt es trotzdem gelegentlich vor, dass der Baum die eigentlich fürs nächste Jahr vorgesehenen Blüten schon austreibt, so dass dann fast reife Früchte und frische Blüten am selben Baum sitzen.
Ältere Äste schneidet man im Frühjahr mit dem Neuaustrieb zurück, da dann die Schnittstelle am besten zuwächst.

Pflanzenbeschaffung: Samen sammelt man im Herbst, befreit sie vom Fruchtfleisch und bewahrt sie den Winter über in feuchtem Sand im Kühlschrank auf. Im Frühjahr wird dann ausgesät.

Eichen-Arten
(Quercus)

Die meisten Eichen bilden im Freistand einen kurzen, im Alter sehr kräftigen Stamm mit borkiger Rinde, dem eine weit ausladende Krone aufsitzt. Ihre knorrigen, stark geknickten Äste wachsen relativ licht. Die Blätter sind unregelmäßig gelappt und bei den immergrünen Arten des Mittelmeergebietes auch mit stachelähnlichen Spitzen versehen.
Die getrenntgeschlechtlichen Blüten erscheinen im Frühjahr, wobei die männlichen Blütenstände, unscheinbare grünlich gelbe Kätzchen, in der Nähe der weiblichen, einzeln sitzenden Blüten hängen. Nach erfolgter Windbestäubung entwickeln sich die bei der Stieleiche *(Quercus robur)* zu wenigen an langen Stielen und bei der Traubeneiche *(Quercus petraea)* zu vielen in Trauben sitzenden Eicheln.
Pflege: Wegen ihrer Artenvielfalt können hier nur die häufigsten Arten, die Traubeneiche und die Stieleiche beschrieben werden.
Die heimischen Eichen müssen ganzjährig im Freien gehalten werden. Hier bevorzugen sie einen halbschattigen bis sonnigen Platz, der nicht zu geschützt sein sollte. Auch an Standorten mit extremer Windbelastung können sie gedeihen. Durch ihre relativ hohe Salzverträglichkeit und ihre Zuneigung zu leicht kalkhaltigem Boden vertragen sie auch Leitungswasser gut.
Gedüngt wird reichlich von April bis August mit festem organischem Dünger, zum Beispiel mit Rapsschrotkugeln. Aber auch mit mineralischem Flüssigdünger wurden gute Ergebnisse erzielt. Junge Pflanzen brauchen, um sich möglichst schnell zu entwickeln, mindestens alle zwei Jahre neue Erde, wobei die Stieleiche sandiges Substrat ebenso wie besonders lehmiges verträgt. Ein Gemisch aus AKADAMA, Pikiererde, Lavasplitt und Sand im Verhältnis 3:3:1:1 hat sich gut bewährt.
Der beste Zeitpunkt für das Umtopfen liegt zwischen Februar und April. Eichen sollten nicht im Herbst umgepflanzt werden. Nach harten Wintern zeigt sich immer wieder, dass Eichen als Bonsai sehr frostempfindlich sind, ihr Wurzelballen sollte auf jeden Fall gut geschützt werden. Geschwächte Bäume überwintert man am besten frostfrei. Allerdings sollte man dann alle Blätter wegen der Gefahr einer Pilzinfektion entfernen und den Baum vorsorglich mit einem Fungizid einsprühen.
Gestaltung: Eichen können in alle Wuchsformen und Stilarten gestaltet werden.

Wegen ihrer mythologischen Bedeutung ist die Eiche bei uns ein wichtiger Baum und sollte in keiner Sammlung einheimischer Bonsai fehlen.

Traubeneiche *(Quercus petraea)*, Höhe 80 cm, ca. 40 Jahre.

Drahten: Einjährige Äste lassen sich noch gut drahten. Wegen des starken Dickenwachstums muss der Draht regelmäßig kontrolliert werden, um ein Einwachsen und damit bleibende Spuren zu verhindern. Ältere Äste werden besser gespannt.
Rückschnitt: Eichen sind sehr schnittverträglich. Da der Austrieb im oberen Kronendrittel sehr dominant ist, sollte hier in jedem Frühjahr die Verzweigung, die sich im Laufe des vergangenen Jahres gebildet hat, mindestens auf das Maß der Verzweigung der darunter liegenden Äste reduziert werden. Außerdem wird an allen Ästen, an denen eine Verzweigung gewünscht wird, die Endknospe entfernt. Bei Pflanzen, deren Stammdicke noch nicht optimal entwickelt ist, sollte der erste Austrieb im Frühjahr mindestens 20–30 cm lang werden. Jedoch spätestens drei Wochen nach dem Austrieb kann der erste Rückschnitt erfolgen. Bei guter Ernährung treibt die Eiche nach jedem Rückschnitt innerhalb von drei Wochen wieder aus.
Pflanzenbeschaffung: Die im Herbst (September bis Oktober) gesammelten Samen überwintert man in feuchtem Sand im Kühlschrank und sät im zeitigen Frühjahr aus. Im Bonsai-Fachhandel sind ungestaltete Stieleichen verschiedenen Alters erhältlich. Diese bilden meist das am besten geeignete Grundmaterial für eine Bonsai-Eiche.

Stieleiche *(Quercus robur)*, Höhe 40 cm, ca. 15 Jahre.

Winterlinde
(Tilia cordata)

In der Natur entwickelt sich die Winterlinde zu einem 10–30 m hohen Baum, bei dem mehrere gleichstarke Hauptäste nach oben wachsen, denen waagerechte Seitenäste entspringen. Meist bildet sie eine stattliche, im Freistand weit ausladende Krone. Die relativ kleinen, herzförmigen, wechselständigen Blätter treiben im Mai. Ihre Herbstfärbung ist leuchtend gelb. Die zwittrige, gelblichweiße Blüte erscheint erst im Sommer (Ende Juni/Anfang Juli) und stellt eine wichtige Bienenweide dar. Die Früchte, fast erbsengroße Nüsschen, sind mit einem Hochblatt versehen, das als Flugorgan dient.
Pflege: Von den verfügbaren Linden-Arten bildet die Winterlinde die kleinsten Blätter aus, weswegen sie für die Bonsai-Gestaltung anderen Arten vorzuziehen ist. In der Natur mag die Winterlinde vollsonnige Standorte. Als Bonsai sollte sie jedoch, wegen ihrer Salzempfindlichkeit, einen halbschattigen Platz im Freien erhalten. Hat man Regenwasser zur Verfügung, wirkt sich dies oft sehr günstig auf die Beschaffenheit der Blätter im Hochsommer aus, da hier kaum Salze enthalten sind. Die Linde kann gut feucht gehalten werden; Staunässe ist allerdings zu vermeiden. Eine Erde aus einem Drittel Pikiererde, zwei Dritteln AKADAMA und etwas Sand ist ideal für das Gedeihen. Aber auch andere Mischungen werden gut vertragen.

Junge Pflanzen sollten mindestens alle zwei Jahre umgetopft werden. Für eine optimale Entwicklung muss auf eine gute Nährstoffversorgung geachtet werden. Die Winterlinde sollte hauptsächlich organisch gedüngt werden, eine vorsichtige mineralische Zusatzdüngung ist dann vorteilhaft, wenn erhöhter Bedarf, zum Beispiel während des Frühjahrsaustriebs, vorliegt oder wenn auf Grund ungünstiger Witterungsverhältnisse aus dem organischen Dünger nicht genügend Nährstoffe frei werden. Von August bis Mitte September kann die Linde mit einem kaliumbetonten, stickstoffarmen Dünger auf den Winter vorbereitet werden.

Die Überwinterung erfolgt entweder im Garten, indem der Ballen ohne Schale an schattiger Stelle in die Erde eingesenkt wird, oder auf dem Balkon in einer mit Torf und Sand gefüllten Kiste. Bei Temperaturen unter –10 °C sollte zusätzlich mit Folie, Laub oder Zweigen abgedeckt werden.

Gestaltung: Grundsätzlich sind alle Stilarten möglich. Von den klassischen japanischen Stilarten kommt die Besenform der natürlichen Wuchsform zwar am nächsten, aber auch andere Stilarten, wie zum Beispiel die Aufrechte Form oder der Doppelstamm werden häufig bei der Gestaltung gewählt.

Drahten: Soll der Baum mit Hilfe von Draht in Form gebracht werden, ist die Vegetationsperiode die beste Zeit, den Draht anzulegen. Dies muss sehr vorsichtig geschehen, da die Rinde empfindlich ist und Verletzungen noch lange sichtbar bleiben. Oft lassen sich auch ältere Zweige noch gut drahten. Besonders dicke Äste können schonender mit Spanndrähten in Form gebracht werden.

Winterlinde, Höhe 60 cm, ca 20 Jahre.
Kleines Bild: Blüten der Winterlinde.

Auf einen Blattschnitt in der Zeit von Mai bis Juni reagiert eine gesunde Winterlinde sehr willig, wodurch Blattgröße sowie Verzweigung deutlich verbessert werden können. Da hierdurch allerdings das Dickenwachstum gehemmt wird, sollte ein Blattschnitt nur bei Bäumen erfolgen, die bereits einen kräftigen Stamm vorweisen können.

Winterlinde, Besenform,
Höhe 50 cm, ca. 20 Jahre.

Rückschnitt: Die Winterlinde ist sehr schnittverträglich. Nach jedem Rückschnitt treibt sie innerhalb von etwa drei Wochen wieder aus. Spätestens Ende August stellt man den Rückschnitt ein bzw. pinziert weitere Austriebe, damit die Pflanze rechtzeitig vor dem Winter das Wachstum einstellt. Größere Äste sollten im Frühjahr oder während der Vegetationsperiode entfernt werden, da in dieser Zeit die Schnittstellen besonders schnell verheilen. Allerdings müssen größere Schnittstellen gut verschlossen werden.
Pflanzenbeschaffung: Samen sammelt man Ende September/Anfang Oktober und bewahrt diese den Winter über in feuchtem Sand im Kühlschrank auf und sät sie im Frühjahr aus. Oft keimen sie allerdings erst im zweiten Jahr. Brauchbare Jungpflanzen zwischen zwei und fünf Jahren findet man in Bonsai-Fachbetrieben.

Ulmen- und Zelkowen-Arten *(Ulmus, Zelkova)*

Ulmen und Zelkowen sind sehr nah verwandt und auch als Bonsai ähnlich zu halten. Deshalb sollen sie hier gemeinsam behandelt werden. Die dichten, weit ausladenden Kronen werden, wenn die Bäume frei stehen, von einem kurzen, kräftigen, borkigen oder glatten Stamm getragen. Die bei den heimischen Ulmen im zeitigen Frühjahr vor dem Laubaustrieb erscheinenden, in Büscheln stehenden unscheinbaren Blüten entwickeln breit geflügelte, runde Nüsschen, die vom Wind verbreitet werden und noch im selben Sommer keimen. Wechselständige, spitzeiförmige bis ovale, manchmal asymetrische Blätter treiben zwischen April und Mai. Die Herbstfärbung ist je nach Art leuchtend gelb, orange oder dunkelrot.
Pflege: An den Standort stellen Ulmen und Zelkowen keine besonderen Ansprüche. Er sollte sich nur im Freien befinden, eine gute Entwicklung sowohl in der vollen Sonne als auch im Halbschatten ist zu beobachten. Auch windige Plätze werden gut vertragen. Als Pflanzsubstrat hat sich ein Gemisch aus japanischem Lehmgranulat (AKADAMA), Pikiererde, Lavasplitt und Sand im Verhältnis 3:3:1:1 bewährt, aber auch andere Mischungsverhältnisse wurden gut vertragen. Mindestens alle zwei Jahre sollte die Erde bei jungen wie auch bei alten Bäumen ausgewechselt werden. Da sie meist nicht salzempfindlich sind, kann mit Leitungswasser gegossen werden, Staunässe ist zu vermeiden. Natürlich ist der Wasserbedarf in der vollen Sonne genauso wie an windigen Tagen besonders groß. Der Nährstoffbedarf ist hoch, so dass auf regelmäßige Düngung besonderer Wert gelegt werden muss. Überwintert wird im Garten, indem der Ballen ohne Schale in die Erde eingesenkt wird, oder auf dem Balkon in einer mit Torf und Sand gefüllten Kiste. Ab –5 °C kann mit Folie, Laub oder Tannenzweigen abgedeckt werden.
Drahten: Meist kann man bei der Feldulme *(Ulmus minor)* auf Draht verzichten, weil die Wuchsrichtung leicht durch gezielten Rückschnitt gelenkt werden kann. Bei der Gestaltung älterer Pflanzen ist es trotzdem

manchmal nötig, die Stellung der bereits vorhandenen Äste zu verändern. Dies kann leicht mit Hilfe von Spanndrähten erfolgen. **Rückschnitt:** Um einen guten Start ins Jahr zu gewährleisten, lässt man den ersten Austrieb im Frühjahr relativ lang werden: bei jungen Bäumen etwa 20 cm und bei alten Bäumen etwa 15 cm. Dann schneidet man stark zurück. Der nach gut zwei Wochen erscheinende Neuaustrieb kann dann schon ab 10 cm Länge geschnitten werden. Dadurch bleiben die äußeren Äste dünn und die Verzweigung besonders fein. Da nach jedem Rückschnitt ein Neuaustrieb erfolgt, wird ab August nur noch pinziert, damit der Baum das Wachstum einstellt. Hierzu wird, sobald ein Austrieb drei bis vier Blätter ausgebildet hat, die Triebspitze entfernt. Ältere Äste entfernt man am besten im Frühjahr vor dem ersten Austrieb. Die Schnittstellen müssen sorgfältig mit einem Wundverschlussmittel versorgt werden.
Pflanzenbeschaffung: Samen sammelt man im Mai und sät sofort aus. Noch junge Pflanzen findet man relativ oft bei Spaziergängen oder im Handel, ältere Ausgangspflanzen in unterschiedlichen Entwicklungsstadien auch in Bonsai-Fachbetrieben. Ulmen und Zelkowen werden in verschiedenen Arten und Entwicklungsstadien, auch als gestalteter Bonsai, angeboten.

Japanische Ulme *(Zelkova serrata)*, Waldform im Herbst, Höhe 40 cm, ca. 10 bis 25 Jahre.

Nadelbäume

Fast alle Nadelbäume müssen als Bonsai ganzjährig im Freien gehalten werden. Sie bestechen oft durch ihre exakte und dramatische Form, die allerdings nur durch regelmäßiges Drahten erhalten bleibt.

Ginkgo
(Ginkgo biloba)

Dieser stammesgeschichtlich älteste noch lebende Baum der Erde wird wegen seiner Morphologie zu den Nadelbäumen gezählt, obwohl er Blätter trägt. Diese Blätter bauen sich aus einer Vielzahl zusammengewachsener Nadeln auf. Der Ginkgo ist zweihäusig. Aus der weiblichen Blüte entwickelt sich nach der Befruchtung eine in reifem Zustand gelbe, pflaumenähnliche Frucht von unangenehmem Geruch.

Der Ginkgo lässt sich leicht durch Steckhölzer vermehren. Hierzu steckt man im zeitigen Frühjahr unbelaubte, 5–10 cm lange Aststücke so tief in die Erde, dass nur eine Knospe herausschaut. Beginnen sie zu treiben, behandelt man sie wie Stecklinge.

Pflege: Der Ginkgo ist eine sehr robuste Pflanze, die einfach zu halten ist. Auch von Schädlingen wird er kaum befallen. Als Standort für den Ginkgo eignet sich ein sonniger bis halbschattiger Platz im Freien. Er verträgt fast jedes Wetter. Nur vor Spätfrost im Frühjahr sollte er geschützt werden. Das Pflanzsubstrat sollte einen großen Anteil grobkörniges Material enthalten, damit überschüssiges Gießwasser gut ablaufen kann. Wird das Substrat zu feucht gehalten, faulen sehr schnell die Wurzeln. Bei jungen Pflanzen wird die Erde alle zwei Jahre, bei älteren alle zwei bis drei Jahre zum größten Teil ausgetauscht. Gleichzeitig werden die Wurzeln zurückgeschnitten. An das Gießwasser stellt der Ginkgo keine besonderen Ansprüche. Es kann jedes Wasser verwendet werden. Gewässert wird erst, wenn die Erdoberfläche abgetrocknet ist. Eine Düngung erfolgt, wenn im Frühjahr die Blätter austreiben, bis Ende August, und zwar mit einem organischen oder mineralischen Bonsai-Dünger. Überwintert wird im Garten, indem der Ballen ohne Schale an einer vor direkter Sonne geschützten Stelle in die Erde eingesenkt wird. Steht nur ein Balkon zur Verfügung, kann auch in einer mit Torf und Sand gefüllten Kiste überwintert werden.

Ginkgo, Höhe 70 cm, ca. 25 Jahre.

Gestaltung: Einen Ginkgo zu gestalten, ist nicht einfach, weil er sich nur sehr ungern verzweigt. Nach dem Rückschnitt erhält man während der Vegetationsperiode meist nur einen Ersatztrieb. Zusätzliche Äste treiben hauptsächlich im Frühjahr aus den Winterknospen. Ohne Drahtung ist nur eine Besenform zu erreichen, alle anderen Wuchsformen erfordern regelmäßiges Drahten.

Drahten: Nur Äste bis Bleistiftdicke lassen sich durch Drahten leicht formen. Ältere Äste werden sehr steif, so dass ein Drahten, ohne Druckstellen auf der Rinde zu hinterlassen, kaum mehr möglich wird. Solche Äste werden besser gespannt.
Rückschnitt: Um die Verzweigung zu fördern, werden vor dem ersten Austrieb im Frühjahr in der oberen Kronenhälfte alle Endknospen abgeschnitten. Sind die ersten Triebe etwa 20 cm lang, werden sie auf zwei bis drei Blätter zurückgeschnitten. In den meisten Fällen treibt nach dem Rückschnitt nur die der Schnittstelle am nächsten sitzende Knospe aus und große Schnittstellen wachsen nur langsam zu. Müssen kräftige Äste entfernt werden, erfolgt dies kurz nach dem Frühjahrsaustrieb.
Pflanzenbeschaffung: Ginkgo-Samen bewahrt man den Winter über, nachdem man sie vom Fruchtfleisch befreit hat, in feuchtem Sand an einer kühlen Stelle auf. Im Frühjahr wird ausgesät. Viele Samen keimen erst im zweiten Jahr.
Mehr oder weniger weit entwickelte Ginkgo-Bonsai gehören zum Standard-Sortiment des Bonsai-Fachhandels.

Chinesischer Wacholder *(Juniperus chinensis)*, Höhe ca. 40 cm, ca. 25 Jahre.

Wacholder-Arten *(Juniperus)*

Diese sehr anpassungsfähige Gattung immergrüner Gehölze kommt als Strauch, Großstrauch und auch als Baum vor. Eine meist grau- bis rotbraune Borke schält sich in der Regel faserig vom Stamm, die Blätter sind nadelförmig oder schuppig entwickelt. Die zweihäusigen Pflanzen bilden die männlichen Blütenstände als kleine rundliche Kätzchen. Aus den einzeln stehenden weiblichen Blüten bilden sich nach der Windbestäubung im Herbst des zweiten Jahres die blauen Wacholderbeeren. Der heimische Wachol-

Die heimischen und japanischen Wacholder sind bis auf den Igelwacholder *(Juniperus rigida)* sehr winterhart. Um eine gleichmäßig feuchte Erde in der kalten Jahreszeit zu gewährleisten, sollten sie ohne Schale im Garten eingesenkt werden. Beim Igel-Wacholder ist ein Einsenken des Ballens unbedingt erforderlich.

Gemeiner Wacholder *(Juniperus communis)*, Höhe 60 cm, ca. 30 Jahre.

der ist in der Natur überall dort anzutreffen, wo der Konkurrenzdruck durch andere Gehölze nicht zu groß ist. So findet man zum Beispiel auf Heiden aber auch in lichten Laub- und Nadelmischwäldern sehr häufig vor. Seine hochalpine Form *Juniperus communis* ssp. *alpina* ist die höchststeigende aller Holzpflanzen Europas.

Pflege: Der Wacholder liebt als Bonsai einen sonnigen luftigen Standort. Ständig auf Sonne verzichtende Äste sterben ab oder verkümmern. Gewässert werden kann ganzjährig mit Leitungswasser. Bei warmem Wetter gedeiht er in gleichmäßig feuchter Erde am besten, erträgt aber im gut durchwurzelten Zustand auch kurzzeitige Trockenheit. Als Pflanzsubstrat kann eine Mischung aus AKADAMA und Lavasplitt im Verhältnis 1:1 verwendet werden. Gedüngt wird bei jungen Pflanzen kräftig mit organischem Dünger, ältere, schon gut entwickelte Pflanzen benötigen eine sparsamere Düngung.

Gestaltung: Wacholder sind in alle Stilarten und Wuchsformen schön zu gestalten. Die Äste enden beim Wacholder-Bonsai in dichten Nadelwolken.

Drahten: Am besten lassen sich die zweijährigen Äste drahten, da diese schon eine gewisse Stärke haben, aber noch nicht zu dick und steif sind. Da das Dickenwachstum beim Wacholder nicht sehr stark ist und auch die Rinde nicht so empfindlich bzw. diese nach einiger Zeit abgeschält wird, so dass Drahtnarben wieder verschwinden, kann der Wacholder gut mit Draht geformt werden. Starkes Biegen verträgt der Baum am besten während der Vegetationsperiode, wenn er danach einige Tage im Schatten verbringen darf.

Rückschnitt: Um dichte Kissen zu erhalten, wird der Neuaustrieb bei einer Länge von 2–3 cm auf ein Drittel durch Auszupfen der Triebspitze eingekürzt. Soll ein Ast noch dicker werden, lässt man an diesem den Leittrieb unberührt und kürzt aber den übrigen Neuaustrieb des entsprechenden Astes ein. Auf diese Weise erhält man neben einem stärkeren Dickenwachstum gleichzeitig ein dichtes Nadelkissen. Größere Schnittstellen wachsen nur sehr langsam zu. Im Frühjahr entstandene und sofort versorgte Wunden schließt der Baum noch am besten.

Pflanzenbeschaffung: Beeren sammelt man im Herbst, entfernt das Fruchtfleisch und be-

wahrt die Samen den Winter über in feuchtem Sand im Kühlschrank auf. Im Frühjahr wird dann ausgesät. Auch beim Wacholder keimen viele Samen erst im zweiten Jahr. Der Wacholder lässt sich leicht durch im Sommer geschnittene Stecklinge vermehren.
In Baumschulen und Bonsai-Fachgeschäften werden verschiedene Arten unterschiedlichen Alters angeboten. Importe aus Japan von *Juniperus chinensis* und *J. rigida* zählen zum Standard-Angebot des Bonsai-Handels.

Lärchen-Arten *(Larix decidua, L. kaempferi)*

Dieser 25–30 m hoch werdende Baum bildet im Freistand eine kegelförmige Silhouette. Der Stamm zeigt im Alter eine grobborkige Rinde, die auf die älteren, meist sichelförmigen Äste übergeht. Junge Triebe sind bei der Europäischen Lärche *(L. decidua)* gelbbraun und bei der Japanischen Lärche *(L. kaempferi)* rötlich braun gefärbt. Ihre in Büscheln oder einzeln stehenden kurzen Nadeln werden im Winter abgeworfen. Die einhäusige Pflanze bildet aus rötlich gefärbten, weiblichen Blüten, welche windbestäubt werden, ovale, relativ kleine, braune, den Ästen aufsitzende Zapfen, die sich im Oktober öffnen. Ihre geflügelten Samen werden vom Wind verbreitet.

Zapfen einer Lärche.

Pflege: Die Lärche ist als Bonsai leicht zu pflegen. Sie liebt einen sonnigen Standort, kann aber auch halbschattig stehen. Der Boden sollte gut feucht gehalten werden. Besonders heiße Tage übersteht sie ohne Nadelabwurf nur bei guter Bodenfeuchte. Herrscht kühles Wetter vor, kann sie auch kurzzeitige Trockenheit ohne Schaden überstehen. Als Pflanzsubstrat ist eine lockere, körnige Mischung nötig, eine Mischung aus Lehmgranulat (AKADAMA) und Lavagranulat im Verhältnis 2 : 1 hat sich bewährt. Eine regelmäßige Blütenbildung wird durch seltenes Umpflanzen und geringe Nährstoffversorgung gefördert. Junge oder noch in der Entwicklung befindliche Pflanzen werden mit dem Erscheinen der ersten Nadeln kräftig mit organischem oder mineralischem Nährstoff, ältere Pflanzen nur wenig gedüngt. Ab Juli wird die Stickstoffdüngung reduziert, damit sich der Baum langsam auf den Herbst einstellen kann. Die Lärche ist sehr winterhart, was ihr natürliches Vorkommen an der Baumgrenze der Alpen bereits vermuten lässt. Um eine gleichmäßige Bodenfeuchte während des Winters gewährleisten zu können, sollte sie trotzdem im Garten ohne Schale eingesenkt die kalte Jahreszeit verbringen.
Gestaltung: Die Lärche wird in vielen verschiedenen Stilarten gehalten, die Natur bietet zu diesem Baum die meisten Ideen. Auch mehrere Jahre alte Äste lassen sich noch leicht biegen, so dass es keine großen Schwierigkeiten bereitet, auch eine ältere Pflanze zu gestalten.
Drahten: Zwar lassen sich auch ältere Äste noch leicht biegen, bei eventuell bereits vorhandener Borke sollte allerdings, um diese nicht zu beschädigen, auf Drahten verzichtet werden. Solche Äste werden gespannt.

Lärche im Herbst, Höhe 25 cm, ca. 10 Jahre.

Junge Äste können leicht mittels Draht geformt werden. Die beste Zeit hierzu ist das Frühjahr, wenn die Knospen gerade grün werden und sich öffnen wollen. Da Lärchen schneller als andere Nadelbäume dicker werden, müssen die Drähte regelmäßig kontrolliert und oft nach drei Monaten bereits wieder entfernt werden.

Auch bei der Lärche gilt der Grundsatz: Je länger man bis zum Rückschnitt wartet, umso kräftiger wird der Ast.

Rückschnitt: Eine jüngere Pflanze lässt man bis zu einer Trieblänge von 10–20 cm treiben, um ein kräftiges Ast-Grundgerüst zu erreichen, während schon weiter entwickelte Bäume früher eingekürzt werden. Nach jedem Rückschnitt treibt die Lärche bei ausreichender Nährstoffversorgung innerhalb von zwei bis vier Wochen neu aus, was für Nadelbäume untypisch ist. Wenn die Verzweigung zu dicht wird, kann auch der gesamte Neuaustrieb bis ins alte Holz entfernt werden, was häufig in der Baumspitze notwendig wird.

Pflanzenbeschaffung: Samen sammelt man im Herbst, lagert sie trocken und sät sie im Frühjahr aus. Zwei- bis fünfjährige Pflanzen findet man auch in normalen Baumschulen. In Bonsai-Fachbetrieben werden diese bereits mehrfach zurückgeschnitten angeboten, so dass bei der Gestaltung meist keine größeren Schnittstellen mehr entstehen.

Bergkiefer
(Pinus mugo)

Diese Kiefer der Mittel- und Hochgebirge Europas hat sehr variable Erscheinungsformen und wird deshalb in viele Unterarten und Rassen eingeteilt.
Die Bergkiefer unterscheidet sich von der Waldkiefer *(Pinus sylvestris)* durch harzige Knospen, durch die glänzend grünliche bis violettbraune Rinde der jungen Stämme. Ihre 2–5 cm langen, paarigen, nur wenig gedrehten Nadeln sind einheitlich dunkelgrün. Die meist ungestielten Zapfen bilden sich aus violetten Blüten, die relativ zahlreich den neuen Trieben aufsitzen. Es werden viele Zuchtformen und Varianten der Bergkiefer in Baumschulen kultiviert.
Pflege: Als Bonsai sollte die Bergkiefer einen sonnigen und nicht zu windstillen Platz erhalten. Im Schatten befindliche Äste sterben ab. Bergkiefern können in gut durchlässigem Substrat ständig feucht gehalten werden, können aber auch kurzzeitig trocken stehen. Zum Gießen eignet sich auch Leitungswasser. Das Pflanzsubstrat sollte grobkörnig sein. Ist dies der Fall, werden sehr unterschiedliche Zusammensetzungen gleichermaßen toleriert.
Bergkiefern sind sehr frostfest, sollten aber, damit im Winter eine gleichmäßige Feuchtigkeit des Bodens gewährleistet ist, im Garten ohne Schale eingesenkt werden.

Gestaltung: Die Bergkiefer lässt sich in viele Stilarten bringen, die Besenform ist allerdings untypisch. Sie zählt zu den am häufigsten gestalteten heimischen Kiefern-Arten und auf Ausstellungen sind regelmäßig prachtvolle Literaten- und Kaskadenformen zu sehen.
Drahten: Auch ältere Äste lassen sich meist noch leicht drahten, sollten allerdings, wenn ihre Rinde schon borkig ist, gespannt oder mit einer dicken Schicht Bast umwickelt werden, um diese nicht zu beschädigen.
Die Bergkiefer darf im Winter, aber auch während der Vegetationszeit gedrahtet werden. Im Winter oder im Frühjahr angelegte Drähte können im Sommer bereits zu eng und, wenn sie nicht vorher entfernt werden, bis zum Herbst eingewachsen sein.
Rückschnitt: Bäume, die nicht frisch gesammelt wurden, gesund und gut eingewachsen sind, dürfen bei der ersten Gestaltung im Sommer bis ins alte Holz zurückgeschnitten werden, wenn am verbleibenden Aststück noch grüne Nadeln sitzen. Nach etwa vier Wochen treiben neue Knospen nicht nur an der Schnittstelle, sondern auch entlang des ganzen Astes.

Bei bereits gestalteten Bäumen wird im Juli der jetzt fertig entwickelte Austrieb des Frühjahres zurückgeschnitten oder komplett entfernt. War dieser sehr schwach, kann auch nur die Endknospe jedes Triebes abgeknipst werden. Nach etwa vier Wochen bilden sich neue Knospen an der Schnittstelle und teilweise auch an besonders sonnenexponierten Stellen des Astes. Diese treiben bei guter Nährstoffversorgung noch im gleichen Jahr wieder aus, bleiben kurz und entwickeln kleinere Nadeln. Starke Äste entfernt man im Winter.

Bergkiefer *(Pinus mugo)*, Höhe ca. 60 cm, ca. 60 Jahre, Sammlung W. Pall. In die Gestaltung mit einbezogene tote Äste wie bei diesem Bonsai werden als Jin bezeichnet.

Pflanzen, die sich noch in der Entwicklung befinden, werden ab April bis August kräftig gedüngt. Es können zum Beispiel Rapsschrotkugeln oder anderer fester organischer Dünger verwendet werden, aber auch Mineraldünger kann man das ganze Jahr hindurch geben.

Pflanzenbeschaffung: Samen sammelt man bei Reife, bewahrt diese trocken auf und sät im Frühjahr aus. Die Bergkiefer wird in Baumschulen und Bonsai-Fachbetrieben in vielen Sorten und Altersstufen angeboten, die allerdings meist strauchförmig wachsen, aber trotzdem zum Einzelbaum gestaltet werden können. Findlinge werden im Frühjahr direkt nach der Schneeschmelze vor dem Anschwellen der Knospen gesammelt. Eine Erlaubnis der zuständigen Forstbehörde ist vorher einzuholen.

Mädchenkiefer *(Pinus parviflora)*

Die in Asien beheimatete Mädchenkiefer zählt zu den Kiefern mit den kürzesten Nadeln. In der Natur wird sie nicht sehr hoch. Der im Alter borkige Stamm zeigt eine graue bis schwarze Färbung und die Nadeln sind jeweils zu fünft am Grund zusammengewachsen. Blüten entwickeln sich an den jungen Kerzen, wobei die männlichen Blüten der einhäusigen Pflanze in violetten Blütenständen unterhalb der jungen Nadeln sitzen, die weiblichen Blüten an den Triebspitzen. Von der Mädchenkiefer sind einige Sorten und Zuchtformen bekannt.

Pflege: Die Mädchenkiefer benötigt für eine optimale Entwicklung einen Platz in der Sonne. Auch starker Wind wird gut vertragen. Als Pflanzsubstrat möchte sie eine grobkörnige Mischung, die das überschüssige Gießwasser gut ablaufen lässt. Eine Mischung aus zwei Teilen AKADAMA und einem Teil Lavagranulat hat sich gut bewährt. Alle zwei bis drei Jahre wird das Substrat ausgewechselt. Die beste Zeit hierzu ist der frühe Herbst oder das zeitige Frühjahr. Gleichzeitig kann die Wurzel zurückgeschnitten werden. Für die Mädchenkiefer ist der Symbiosepilz lebenswichtig. Wird die Erde zu nass gehalten, stirbt er ab und der Baum hat Probleme, gesund zu bleiben. Deshalb muss besonders bei diesem Baum darauf geachtet werden, dass die Erde zwar gleichmäßig feucht, aber nicht über längere Zeit zu nass gehalten wird. Als Gießwasser kann normales Leitungswasser dienen, zur Düngung sind Rapsschrotkugeln oder andere organische Dünger geeignet. Wie andere Nadelbäume werden auch Mädchenkiefern seltener als Laubbäume gedüngt. Die Mädchenkiefer ist sehr frostgefährdet, ihr empfindlichster Teil ist der Wurzelbereich. Überwintert wird im Garten durch Einsenken des Ballens ohne Schale in die Erde oder auf dem Balkon in einer mit Torf und Sand gefüllten Kiste.

Gestaltung: Es sind alle Stilarten möglich, die Besenform ist jedoch sehr untypisch.

Im Herbst färben sich die inneren Nadeln der Mädchenkiefer gelb.

Drahten: Soll eine Mädchenkiefer in Form gehalten werden, ist ein regelmäßiges Drahten unumgänglich. Traditionell geschieht dies im Winter. Es werden alle Äste bis in die Nähe der Zweigspitzen mit Draht umwickelt und dabei die Nadeln bis auf die an den Astspitzen entfernt. Über die Nadelmenge, die am Zweig verbleibt, kann die Stärke des Frühjahrsaustriebes der betreffenden Knospen gesteuert werden. Die Zweigspitzen eines Astes werden so gestellt, dass sie eine möglichst geschlossene Nadelwolke bilden. Hierbei werden sie etwas nach oben gerichtet, denn Zweigenden, die nach unten gerichtet sind, sterben häufig ab. Auch fingerdicke Äste werden manchmal noch gedrahtet, schonender ist jedoch auch hier das Spannen.

Rückschnitt: Geschnitten wird hauptsächlich bei einer Grundgestaltung. Ist diese erfolgt, werden im Frühjahr die treibenden Kerzen reduziert: Treiben an einem Zweigende mehr als zwei Kerzen, wird die längste komplett entfernt. Bevor die Nadeln aus ihrer Hülle wachsen, werden die starken Kerzen auf die Länge der kürzeren reduziert. Bei wenig verzweigten oder sehr stark gedüngten Bäumen können auch alle Kerzen zu stark sein. In diesem Fall werden alle auf 1–2 cm eingekürzt. Für blühende Zweige ist es wichtig, dass auf jeden Fall einige Nadeln an der Kerze verbleiben, denn bleiben nur die Blüten stehen, stirbt der Zweig ab.

Pflanzenbeschaffung: Samen ist manchmal im Handel erhältlich. Er wird im Frühjahr, wie auf der Samentüte beschrieben, ausgesät. Ältere Exemplare, in der Regel Veredelungen, sind in Baumschulen und im Bonsai-Fachhandel in sehr unterschiedlichen Qualitätsstufen zu bekommen. Bereits gestaltete Pflanzen werden regelmäßig aus Japan importiert und das ganze Jahr hindurch im Bonsai-Fachhandel angeboten.

Die Mädchenkiefer zählt in Japan zu den Bäumen, die schon seit Jahrhunderten als Bonsai gestaltet werden. Sie muss das ganze Jahr hindurch im Freien stehen.

Mädchenkiefer, Doppelstamm, Höhe 70 cm, ca. 40 Jahre.

Zimmer-Bonsai

Als Zimmer-Bonsai werden Pflanzen aus subtropischen und tropischen Klimabereichen gehalten. Sie bieten die Möglichkeit, auch exotische Pflanzen im Zimmer auf sehr kleinem Raum zu halten und können ganz besondere Schmuckstücke in der Wohnung werden.

Fukien-Tee, Höhe ca. 12 cm, ca. 6 Jahre. Kleines Bild: Blüten.

Fukien-Tee *(Carmona retusa,* Syn.: *C. microphylla)*

Dieses immergrüne, aus Asien stammende Gehölz ist nach der chinesischen Provinz Fukien benannt. Von der hellen unregelmäßigen Struktur der Rinde heben sich sehr schön die dreilappigen, glänzenden, dunkelgrünen, mit groben Haaren versehenen, relativ kleinen Blättchen ab.
Die nur wenige Millimeter kleinen weißen Blüten entwickeln sich im reifen Zustand zu schwarzen Beeren.

Pflege: Obwohl sehr häufig angeboten, zählt der Fukien-Tee nicht zu den pflegeleichten Bonsai und ist für einen Anfänger mit wenig Pflanzenerfahrung ungeeignet.
Der Fukien-Tee sollte das ganze Jahr hindurch bei Temperaturen über 12 °C gehalten werden. Dies ist in der Wohnung gegeben. Er verträgt allerdings keine trockene Luft, weshalb man die Luftfeuchtigkeit in der Nähe des Baumes erhöht, indem dieser auf ein mit Wasser und Kies gefülltes Tablett gestellt wird, so dass die Schale nicht mit dem Wasser in Berührung kommt. Auf diese Weise wird die Luft durch die ständige Verdunstung für den Baum angenehm feucht.
Den Sommer kann die Pflanze auch im Halbschatten im Freien verbringen, muss aber an direkte Sonneneinstrahlung erst langsam gewöhnt werden.
Der Fukien-Tee sollte mit Re-

genwasser oder gut abgestandenem Leitungswasser gleichmäßig feucht gehalten werden, Ballentrockenheit verträgt er nicht.
Nach dem Kauf sollte meist als erste Pflegemaßnahme vorsichtig etwa ein Drittel der Erde gewechselt werden. Als Pflanzsubstrat eignet sich zunächst AKADAMA ohne andere Zusätze. Die Umstellung von der Original-Erde, in der die Pflanzen aus China importiert werden – sie besteht fast nur aus bereits stark verdichtetem Lehm und ist für unser Wohnungsklima ungeeignet –, vertragen die Pflanzen dann am besten. Später kann zu einer Mischung aus Lehmgranulat, Sand und Pikiererde im Verhältnis 2:1:1 übergegangen werden. Die beste Zeit, die Erde zu wechseln, ist das Frühjahr. Alle ein bis drei Jahre wird die Erde bei gleichzeitigem, vorsichtigem Wurzelschnitt zu zwei Dritteln erneuert.
Gestaltung: Beim Fukien-Tee ist eine Gestaltung in alle bekannten Stilrichtungen möglich. Die im Handel angebotenen Exemplare sind meist nur klein und kaum gestaltet. Hier ist eine grundlegende Gestaltung angebracht. Ist die Pflanze gut eingewurzelt und gesund, kann diese zu jeder Jahreszeit vorgenommen werden.
Drahten: Junge Zweige kann man noch durch Drahten in die gewünschte Richtung bringen, ältere Äste lassen sich oft gar nicht oder nur mit Hilfe von Spanndrähten noch verändern.
Rückschnitt: Der sehr steife Neuaustrieb wird ab einer Länge von 10–20 cm, je nach Entwicklungsstand der Pflanze, auf ein bis drei Blattbüschel zurückgeschnitten. Größere Schnittstellen werden gut mit einem Wundverschlussmittel versorgt, um ein schnelles Zuwachsen zu ermöglichen.
Pflanzenbeschaffung: Die Samen sammelt man, wenn die Beeren schwarz sind. Dann werden die ganzen Früchte einige Tage in Wasser gelegt, vom Fruchtfleisch befreit und gleich in einem nährstoffarmen Substrat ausgesät.
Eine Vermehrung durch Stecklinge ist ebenfalls leicht möglich.
Der Fukien-Tee wird sehr oft und in zwei Arten im Handel angeboten. Die großblättrigere Art mit 1–2 cm großen Blättern, die meist in kräftigeren Exemplaren angeboten wird, ist robuster als die kleinblättrigere Art mit nur 0,5–1 cm kleinem Blattwerk.

Bei hohem Lehmgehalt des Pflanzsubstrates ist eine kräftige Düngung erforderlich. Diese sollte während der Wachstumszeit wöchentlich und sonst vierzehntägig mit einem organischen Dünger erfolgen.

Feigenbaum-Arten *(Ficus)*

Die Gattung *Ficus* umfasst sehr viele Bäume aus den tropischen Regionen der ganzen Welt. Die Echte Feige *(Ficus carica)* ist die einzige wichtige Art, die im subtropischen Klima zu Hause ist. Feigen wachsen kriechend, strauchförmig oder bilden sehr stattliche Bäume. Die meisten Arten sind immergrün. Ihre Blätter sind wechselständig angeordnet und die Blüten sind in einem Becher eingesenkt, aus welchem sich später die Frucht, die so genannte Feige, entwickelt. Aus Verletzungen entweicht ein milchiger Saft.
Pflege: Häufig als Bonsai gestaltet findet man die Birkenfeige *(F. benjamina)*, die Chinesische Feige *(F. microcarpa)*, die Weidenblättrige Feige *(F. salicifolia)*, den Bobaum

Ficus triangularis, Höhe ca. 30 cm, ca. 10 Jahre.

Ficus benjamina, Höhe 80 cm, ca. 40 Jahre.

Ficus microcarpa, Höhe 50 cm, ca. 25 Jahre.

Ficus salicifolia, Höhe 30 cm, ca. 15 Jahre.

(F. religiosa), die Natalfeige *(F. natalensis)* und andere. Sie zählen alle zu den wenigen Gehölzen, die sich in der Wohnung auch von einem Bonsai-Anfänger leicht halten lassen und von diesem auch weiterentwickelt werden können.
Bis auf *F. carica* können die Feigen das ganze Jahr hindurch gut in der Wohnung gehalten werden. Hier sollten sie einen hellen, vor der Mittagssonne geschützten Platz erhalten. Den Sommer können sie allerdings auch im Freien verbringen. Um Sonnenbrand zu vermeiden, werden sie an direkte Sonne langsam gewöhnt. Auch im Winter wird eine Feige bei Temperaturen zwischen 18 °C und 26 °C in einem geheizten Raum gehalten. Hier vertragen die meisten Arten auch einen Platz über der Heizung. Die Echte Feige muss als Kalthauspflanze im Winter kalt bei Temperaturen unter 10 °C gehalten werden.
Das Pflanzsubstrat darf nicht zu feinkörnig sein, damit überschüssiges Gießwasser gut ablaufen kann. Eine Mischung aus Lehmgranulat, Sand und Pikiererde im Verhältnis von 1:1:1 hat sich bewährt. Wird mit hartem Leitungswasser gegossen, sollte die Pflanzerde einmal im Jahr, am besten im Frühjahr, ausgetauscht werden. Gleichzeitig schneidet man die Wurzeln zurück. Feigenbäume reagieren sehr empfindlich auf Staunässe, Trockenheit wird dagegen sehr gut vertragen. Es wird erst, am besten mit abgestandenem Leitungswasser, gewässert, wenn die Erdoberfläche trocken ist. Bilden sich allerdings Salzkrusten am Schalenrand oder am Wurzelansatz, sollte die Erde einmal im Jahr gewechselt werden. Während der Wachstumszeit wird alle zwei Wochen kräftig gedüngt. In der restlichen Zeit reichen Nährstoffgaben im Abstand von vier bis sechs Wochen. Es kann organischer oder mineralischer Dünger Verwendung finden.
Gestaltung: Die meisten Arten lassen sich in alle Wuchsformen gestalten, wobei die Endhöhe der großblättrigen Arten wegen der sonst unpassenden Proportionen nicht unter 50 cm geplant werden sollte.
Drahten: Auch fingerdicke Äste lassen sich noch drahten. Leider hinterlässt der Draht sehr schnell Druckstellen auf der empfindlichen Rinde. Außerdem ist das Dickenwachstum bei den Arten, die in der Natur große Bäume bilden, stark entwickelt, so dass der Draht oft nach sechs Wochen bereits zu eng wird und entfernt werden muss. Schonender ist es deshalb, wenn die dickeren Äste gespannt werden.
Rückschnitt: Pflanzen, die sich noch in der Entwicklung befinden, lässt man dort, wo ein kräftiger Ast entstehen soll, lange Triebe bilden. Erst dann schneidet man zurück. Dort, wo ein vorhandener Ast sich verzweigen, aber nicht stark verdicken soll, zum Beispiel in der Kronenspitze, schneidet man sehr früh zurück. Ausgereiften Bäumen schneidet man die Äste nach dem Erscheinen des fünften Blattes auf ein bis zwei Blätter zurück. Große Schnittstellen wachsen schnell zu, wenn sie mit einem Wundverschlussmittel behandelt werden.

Während man sich bei anderen so genannten Zimmer-Bonsai schon sehr bemühen muss, um sie überhaupt am Leben zu halten, entwickeln die *Ficus*-Arten ohne besondere Maßnahmen einen kräftigen Stamm und zahlreiche Äste, die sich leicht formen lassen. Der Bonsai-Anfänger, der mit einem *Ficus* beginnt, hat viele Jahre Spaß an seinem Hobby.

Pflanzenbeschaffung: Samen steht in der Regel nicht zur Verfügung. Allerdings lassen sich Stecklinge auch ohne Hormone leicht bewurzeln. Jungpflanzen sind ebenso wie Rohpflanzen nicht von allen Arten im Handel zu bekommen. Als Bonsai sind sie jedoch in verschiedenen Entwicklungsstufen regelmäßig erhältlich.

Myrte
(Myrtus communis)

Die Myrte ist am Mittelmeer zu Hause. Hier bildet sie dichte mittelgroße, immergrüne Sträucher. Alte Äste haben eine dünne aber knorrige Borke. Die kleinen widerstandsfähigen, lanzettförmigen Blättchen sind an den rotbraunen Zweigen gegenständig angeordnet und dunkelgrün. Die Myrte ist einhäusig. Aus den im Sommer zahlreich sprießenden, einzeln sitzenden weißen Blüten entstehen schwarze Beeren.

Pflege: Die Myrte sollte im Sommer einen sonnigen bis halbschattigen Platz in der Wohnung oder auch im Freien erhalten. Den Winter verbringt sie am liebsten in einem wenig geheizten, aber hellen Raum. Wird sie im Frühjahr, wenn kein Frost

Blüte der Myrte.

mehr zu erwarten ist, ins Freie gestellt, muss sie an direkte Sonne erst langsam gewöhnt werden, um einen Sonnenbrand zu vermeiden. Das Pflanzsubstrat kann aus einer Mischung aus AKADAMA, Sand und Pikiererde im Verhältnis 2:1:1 bestehen. Auch andere, nicht zu feinkörnige Mischungen werden erfolgreich verwendet. Alle zwei Jahre wird im Frühjahr die Pflanzerde zur Hälfte ausgewechselt. Gleichzeitig kann die Wurzel beschnitten werden. In dem Jahr, in dem sie neue Erde erhält, blüht die Myrte meist nur spärlich. Zum Gießen kann normales Leitungswasser verwendet werden. Bei warmem Wetter hat sie einen hohen Wasserbedarf. Da Ballentrockenheit nicht vertragen wird, ist reichliches Wässern im Sommer ratsam. Junge Pflanzen düngt man vom Frühjahr bis zum Herbst reichlich mit einem mineralischen oder organischen Bonsai-Dünger in Abständen von vierzehn Tagen. Ältere, gut entwickelte Pflanzen werden weniger gedüngt, um die Blütenbildung zu fördern.

Gestaltung: Myrten lassen sich in allen Wuchsformen und Stilarten gestalten. Häufig sind die Besenform, die Aufrechte Form und die Waldform.

Drahten: Bei der Besenform und eventuell auch bei der Waldform kann auf das Drahten verzichtet werden. Soll die Aufrechte Form entstehen, muss gedrahtet werden, da der Neuaustrieb der Myrte sehr stark nach oben gerichtet ist. Junge Äste sind noch biegsam, dreijährige sind allerdings schon sehr brüchig und müssen sehr vorsichtig gebogen werden. Das Dickenwachstum ist nicht stark ausgeprägt, so dass die Gefahr, dass Draht einwächst, bei regelmäßiger Kontrolle gering ist. Spanndrähte sind nicht zu empfehlen, weil ältere Äste, werden sie stark in ihrer Richtung verändert, leicht vom Stamm abreißen.

Rückschnitt: Jüngere, noch in der Entwicklung befindliche Pflanzen schneidet man ab einer Trieblänge von 10–15 cm auf 1–5 cm zurück. Nach außen

hin wird der Rückschnitt immer kürzer. Die Pflanze entwickelt sehr schnell eine feine Verzweigung und eine dichte Krone, die in regelmäßigen Abständen auch bis ins alte Holz zurückgeschnitten werden kann, und zwar so weit, dass keine Blätter mehr am Baum verbleiben. Pflanzen, die bereits eine gewisse Stammdicke erreicht haben, können auch schon ab einer Trieblänge von etwa 5 cm zurückgeschnitten werden.
Pflanzenbeschaffung: Im Herbst ist Erntezeit für die reifen Beeren. Die vom Fruchtfleisch befreiten Samen können den Winter über in feuchtem Sand im Kühlschrank gelagert und im Frühjahr ausgesät werden. Myrten lassen sich auch leicht durch frisch verholzte Stecklinge vermehren. In Blumenläden und Gartencentern werden Pflanzen verschiedener Altersstufen als Topfpflanze angeboten, die als Ausgangspflanze dienen können. Auch mehr oder weniger weit entwickelte Myrten-Bonsai sind im Fachhandel vorrätig.

Myrten in der Waldform, Höhe 40 cm, ca. 10 bis 15 Jahre.

Müssen bei einer Grundgestaltung kräftige Äste entfernt werden, ist dies an keine bestimmte Jahreszeit gebunden. Mit einem Wundverschlussmittel behandelte größere Schnittstellen wachsen in der Regel schneller zu, als dies unbehandelte Wunden tun. Für die Gestaltung interessante Narben entstehen, wenn Äste nicht geschnitten, sondern herausgebrochen werden.

Ölbaum, Olivenbaum *(Olea europaea)*

Der Öl- oder Olivenbaum ist als eine der ältesten Kulturpflanzen im ganzen Mittelmeergebiet verbreitet. Hier wird das immergrüne Gehölz viele hundert Jahre alt. Die alten Stämme nehmen eine urige, knorrige, jeden Betrachter beeindruckende Form an. Das derbe, gegenständig angeordnete Blatt kann, je nach Sorte, fast rund bis lanzettlich ausgebildet sein, wobei es auf der Oberseite dunkel- und auf der Unterseite mattgrün gefärbt ist. Aus den weißen Blüten, die in Rispen angeordnet sind, entstehen nach der Bestäubung durch Insekten die bekannten Oliven.

Ölbaum, Höhe 35 cm, ca. 15 Jahre. Auch als Bonsai können Oliven blühen und später Früchte entwickeln.

Pflege: Als Bonsai sollte die Olive den hellsten verfügbaren Platz erhalten. Vom Frühjahr, sobald keine harten Fröste mehr zu erwarten sind, bis zum Herbst steht er am liebsten in der vollen Sonne im Freien, also auf dem Balkon oder im Garten. Den Winter kann er in einem wenig geheizten Raum am Fenster verbringen.

Die Pflanze kann mit Leitungswasser gegossen werden, ihr Wasserbedarf ist je nach Jahreszeit sehr unterschiedlich. Um das richtige Maß zu finden, wird die Oberfläche der Pflanzerde beobachtet. Ist diese trocken, wird gewässert. Je kälter der Olivenbaum im Winter gehalten wird, umso weniger Wasser wird verbraucht. Als Pflanzsubstrat kann eine Mischung aus Lehmgranulat und feinem Kies im Verhältnis 2 : 1 verwendet werden, aber auch andere, gut wasserdurchlässige Mischungen sind geeignet. Alle zwei bis drei Jahre wird bei jungen sowie bei älteren Pflanzen zwei Drittel der Erde ausgewechselt. Der beste Zeitpunkt hierzu ist das Frühjahr. Gleichzeitig wird die Wurzel zurückgeschnitten. Zum Düngen kann sowohl organischer als auch, bei vorsichtiger Anwendung, mineralischer Nährstoff verwendet werden. Man beginnt mit vierzehntägigen Düngergaben im März und reduziert sie auf die Hälfte ab November.

Gestaltung: Alle Wuchsformen und Stilarten lassen sich aus einer Olive gestalten. Sehr häufig findet man die Besenform und die Aufrechte Form. Die Besenform lässt sich bereits durch gezielten Rückschnitt erreichen, bei anderen Stilarten kann meist nicht auf Draht oder andere Hilfsmittel verzichtet werden.

Drahten: Gedrahtet wird im Frühjahr mit dem ersten Aus-

Frische Oliven können manchmal auf dem Wochenmarkt gekauft werden. Die vom Fruchtfleisch befreiten Kerne sät man direkt aus.

trieb. Da sich nur einjährige Äste noch leicht biegen lassen, ohne dass die Rinde verletzt wird, muss frühzeitig mit dem Formen begonnen werden. In der Wachstumsphase müssen die Drähte regelmäßig kontrolliert werden. Sind sie zu eng geworden, werden sie entfernt und der Ast ein weiteres Mal gedrahtet. Ältere Äste bringt man mit Spanndrähten in die gewünschte Richtung.

Rückschnitt: Junge Pflanzen werden ab einer Trieblänge von 10–15 cm auf 1–3 Blattpaare zurückgeschnitten, ältere, bereits entwickelte Pflanzen können bereits ab einer Trieblänge von 5 cm eingekürzt werden. Kräftige Äste, die bei einer Grundgestaltung entfernt werden sollen, können das ganze Jahr hindurch abgeschnitten oder gebrochen werden. Während der Wachstumszeit verheilen Wunden schneller.

Pflanzenbeschaffung: Oliven lassen sich auch durch leicht verholzte Stecklinge vermehren. Ungestaltete, grob zurückgeschnittene Pflanzen werden manchmal im Gartencenter oder in Baumschulen angeboten. Auch während eines Urlaubs im Mittelmeergebiet lassen sich Ausgangspflanzen erstehen. Mehr oder weniger weit entwickelte Oliven-Bonsai werden regelmäßig im Bonsai-Fachhandel angeboten.

Pistazie, Mastixstrauch *(Pistacia lentiscus)*

Dieser mit der essbaren Pistazie verwandte Strauch ist im Mittelmeergebiet weit verbreitet. Hier wird das immergrüne Gehölz häufig als Hecke gepflanzt, was ein Hinweis auf seine Schnittverträglichkeit ist. Wild wachsend fällt sie vor allem in Küstennähe auf. Die älteren Äste sind grau und leicht runzelig. Paarig gefiederte, derbe Blätter sind wechselständig angeordnet. Aus den unscheinbaren, in Blütenständen zusammensitzenden Blüten entwickeln sich im reifen Zustand schwarze Früchte.

Pflege: Die Pflanze möchte das ganze Jahr hindurch an einem

Mastixstrauch, Höhe 25 cm, ca. 20 Jahre.

Wie alle Gehölze mit gefiederten Blättern ist auch die Pistazie nur schwer in eine klare Form zu bringen. Das Blätterchaos wirkt weniger störend, wenn der Bonsai nicht zu klein gehalten wird. Blätter, die aus der gewünschten Form herausragen, können auch teilweise eingekürzt werden.

hellen, halbschattigen bis sonnigen Platz gehalten werden. Sobald im Frühjahr kein Frost mehr zu erwarten ist, kann sie auch im Freien auf dem Balkon oder im Garten aufgestellt werden. Hier kann sie bleiben, bis erste Fröste zu erwarten sind. Den Winter verbringt sie am besten in einem nicht ständig geheizten Raum am Fenster. Man stellt sie auf ein mit Wasser und Hydrokulturkugeln gefülltes Tablett, um die Luftfeuchte direkt um den Bonsai hoch zu halten. Als Pflanzsubstrat kann eine Mischung aus AKADAMA und Lavagranulat oder feinem Kies im Verhältnis 2 : 1 verwendet werden, aber auch andere Substratmischungen sind möglich und werden vertragen. Wichtig ist eine gute Wasserdurchlässigkeit. Alle zwei bis drei Jahre wird das Substrat zu zwei Dritteln ausgewechselt. Gleichzeitig kann ein Wurzelschnitt erfolgen. Als Gießwasser kann Leitungswasser verwendet werden. Gedüngt wird von Februar bis zum Herbst mit einem organischen oder mineralischen Bonsai-Dünger gemäß aufgedruckter Dosierungsvorschrift.

Gestaltung: Es sind alle Stilarten denkbar. Sehr häufig wird die Aufrechte Form gewählt.

Drahten: Da sich die Pflanze durch gezielten Rückschnitt nur schwer gestalten lässt, kann auf Draht nicht verzichtet werden, will man eine der klassischen Stilarten erreichen. Einjährige Äste sind noch leicht in ihrer Richtung durch Drahten zu verändern. Ältere Äste werden brüchig und sollten deshalb gespannt werden.

Rückschnitt: Die Hauptwachstumszeit liegt im Frühjahr und im Herbst. In dieser Zeit treibt die Pflanze nach einem Rückschnitt innerhalb von drei bis vier Wochen wieder aus. Die oberen Äste sind gegenüber darunter liegenden nicht im Vorteil.

Der Rückschnitt kann ganzjährig erfolgen. Allerdings wachsen zwischen April und Juni entstandene Schnittstellen besonders schnell zu, so dass starke Äste während dieser Zeit entfernt werden. Bei jüngeren, wenig entwickelten Pflanzen erfolgt der Rückschnitt ab einer Trieblänge von 15–20 cm auf ein bis zwei Blätter.

Ältere Bonsai können auch, um die Verzweigung zu fördern, früher eingekürzt werden. Man sollte darauf achten, dass der Abstand der Schnittstelle zum letzten verbliebenen Blatt mindestens 1 cm beträgt, da sonst die in dessen Achse sitzende Knospe eintrocknen könnte.

Pflanzenbeschaffung: Samen sind nicht oder nur schwer zu beschaffen, die Pistazie lässt sich aber gut über leicht verholzte Stecklinge vermehren. Rohpflanzen sind manchmal in Form von Topfpflanzen im Gartencenter oder im Blumenladen zu erstehen. Vorgestaltete, allerdings oft noch junge Pflanzen, werden als Bonsai im Handel häufiger angeboten.

Steineibe
(Podocarpus macrophyllus)

Die Steineibe ist ein in Asien beheimateter immergrüner Nadelbaum. Der zweihäusige Baum bildet im Alter einen dunkelbraunen, borkigen Stamm. Seine dunkelgrünen,

Jungpflanze einer Steineibe, Höhe 25 cm, ca. 6 Jahre.

einzeln sitzenden Nadeln werden besonders breit ausgebildet. Die männlichen Blüten sitzen in kätzchenähnlichen, quirlig angeordneten Blütenständen zusammen, die einzeln sitzenden weiblichen Blüten entwickeln nach der Windbestäubung eine nach oben offene, fleischige, pflaumenähnliche Frucht, der der Samen aufsitzt.

Pflege: Als Standort für die Steineibe wählt man einen sonnigen bis halbschattigen Platz in Fensternähe. Wird sie das ganze Jahr hindurch in der Wohnung gehalten, bevorzugt sie im Winter einen Raum, in dem die Temperatur mindestens in der Nacht unter 18 °C sinkt. Von Mai bis September kann sie auch im Freien stehen. An direkte Sonne sollte sie hier langsam gewöhnt werden, um einen Sonnenbrand zu verhindern. Steineiben vertragen, wenn sie einen Standplatz im Freien gewöhnt sind, auch leichten Frost bis –3 °C, so dass sie auch an sehr geschützter Stelle erfolgreich ganzjährig im Freien gehalten werden können. Die Steineibe kann mit Leitungswasser gegossen werden. Das Pflanzsubstrat sollte gleichmäßig feucht gehalten werden, kurzzeitige Trockenheit wird vertragen.
Frisch importierte Steineiben sind in der Regel in ein lehmiges Substrat gepflanzt. Im nächsten Frühjahr nach dem Kauf wird dies durch Lehmgranulat ersetzt. Später kann die Steineibe auch in andere, gut wasserdurchlässige Bonsai-Erde gepflanzt werden. Das Pflanzsubstrat wird alle zwei bis drei Jahre zu zwei Dritteln gewechselt. Gleichzeitig kann die Wurzel zurückgeschnitten werden.
Pflanzen, die sich noch in der Entwicklung befinden, werden vom Frühjahr bis zum Herbst kräftig mit einem organischen oder mineralischen Dünger versorgt. Ältere Bäume werden weniger gedüngt, auch um kürzere Nadeln zu erreichen. Damit der Baum im Winter nicht wächst, wird in dieser Zeit nicht gedüngt.

Die Steineibe ist der einzige Nadelbaum, der auf Dauer auch ganzjährig in der Wohnung gehalten werden kann. Es kommen zwei verschiedene Arten vor, die sich hauptsächlich in der Nadelgröße unterscheiden.

Gestaltung: Alle Wuchsformen, die von Nadelbäumen bekannt sind, können gestaltet werden. Häufig ist die Aufrechte Form, weil sie sich besonders leicht auch aus jungen Pflanzen gestalten lässt. Die Steineibe wächst in der Schale sehr langsam. Entsprechend viel Geduld ist bei einer Gestaltung erforderlich.

Drahten: Ein- und zweijährige Äste lassen sich leicht drahten. Importierte Bäume sind meist mit Stahldraht gestaltet, der leider oft Rostspuren hinterlässt. Wird wegen der Stärke der Äste härteres Material benötigt, verwendet man besser Kupferdraht. Obwohl das Dickenwachstum nicht besonders stark ausgeprägt ist und bei regelmäßiger Kontrolle die Gefahr des Einwachsens kaum besteht, werden kräftige alte Äste häufig gespannt.

Rückschnitt: Junge Pflanzen schneidet man, um das Dickenwachstum zu fördern, erst ab einer Trieblänge von 15–20 cm auf 1–5 cm zurück. Ältere Pflanzen werden früher geschnitten. An den Hauptästen, die bereits Seitenzweige entwickelt haben, zupft man die Nadeln ab. Das fördert den Austrieb schlafender Knospen in diesem Bereich. Schnittstellen älterer Äste, die bei einer Grundgestaltung entfernt werden müssen, wachsen nur zu, wenn die Wunde mit einem Wundverschlussmittel behandelt wird.

Pflanzenbeschaffung: Samen befreit man vom Fruchtfleisch, bewahrt sie den Winter über in feuchtem Sand im Kühlschrank auf und sät dann aus. Oder man sät sofort nach dem Entfernen des Fruchtfleisches aus und stellt das Saatgefäß warm auf. Leicht verholzte Stecklinge lassen sich bei genügender Bodenwärme das ganze Jahr hindurch bewurzeln. Junge, bereits vorgestaltete Pflanzen sind regelmäßig auch im Bonsai-Fachhandel zu finden.

Nur die weiblichen Steineiben tragen Früchte.

Granatapfelbaum *(Punica granatum)*

Der Granatapfel zählt wie der Ölbaum zu den ältesten Kulturpflanzen der Mittelmeerregion. In Indien gilt er als heiliger Baum. Der knorrige Stamm ist dunkelgrau bis beige gefärbt. Die Äste können mit dornenähnlichen Kurztrieben versehen sein.

Die widerstandsfähigen dunkelgrünen Blätter sind gegenständig angeordnet, oval bis lanzettlich geformt und werden im Winter abgeworfen. Die rot bis orangen Blüten entstehen im Sommer sehr zahlreich an den Triebenden. Die Früchte ähneln in Form und Größe unseren Äpfeln und sind mit einer derben Schale versehen, die zahlreiche innenliegende Kerne schützt. Die Zwergform *Punica granatum* ‘Nana’ bildet nur große Sträucher und kleinere Früchte, ist aber blühfreudiger.

Pflege: Vom Frühjahr bis zum Herbst steht der Granatapfel am liebsten an einem sonnigen bis halbschattigen Platz im Freien. Hier kann er auch starken Wind und jedes Wetter vertragen. Er sollte allerdings keinem Frost unter –2 °C ausgesetzt sein. Wird er im Sommer in der Wohnung gehalten, sind die Blätter meist sehr zart, so dass sie für verschiedene Schädlinge, zum Beispiel für die Weiße Fliege, zur Delikatesse werden. Auf jeden Fall muss die Pflanze auch hier ein paar Stunden Sonne mitbekommen. Den Winter verbringt sie an einem hellen Fensterplatz in einem kühlen, ungeheizten Raum in der Wohnung. Um die Form zu erhalten, sollte der Baum im Winter möglichst wenig wachsen.

Als Pflanzsubstrat ist eine Mischung aus zum Beispiel AKADAMA, Lavagranulat und feinem Kies im Verhältnis von 3:1:1 gut geeignet. Andere Mischungen sind auch üblich und brauchbar. Alle zwei bis drei Jahre wird im Frühjahr vor dem ersten Austrieb bei jungen und alten Pflanzen die Erde zu zwei Dritteln ausgewechselt. Gleichzeitig kann ein kräftiger Wurzelschnitt erfolgen.

Der Granatapfel kann mit normalem Leitungswasser gegossen werden, wobei der Wasserbedarf im Sommer enorm ist. Es wird gewässert, sobald die Oberfläche des Pflanzsubstrates leicht angetrocknet ist. Mit dem Frühjahrsaustrieb wird mit dem Düngen begonnen. Man kann vierzehntägig flüssige oder feste organische aber auch mineralische Dünger verabreichen.

Gestaltung: Das natürliche Wuchsverhalten macht alle denkbaren Stilformen möglich. Sehr häufig und durch gezielten Rückschnitt zu erreichen ist die Besenform.

Drahten: Ältere Äste werden brüchig und sollten durch

Granatapfel, Höhe 60 cm, ca. 30 Jahre.

Wird auf die Blüten Wert gelegt, darf erst wieder geschnitten werden, wenn diese erschienen sind. Bei jungen Granatäpfeln sollte die Blüte Nebensache sein, hier steht die Ausarbeitung der Grundform im Vordergrund.

Spanndrähte in Form gebracht werden. Ein- und zweijährige Äste kann man allerdings auch leicht durch Drahten formen. Die beste Zeit hierzu ist das Frühjahr mit dem Austreiben der Winterknospen. Obwohl das Dickenwachstum nicht besonders stark ist, sollte der Draht regelmäßig kontrolliert werden, um ein Einwachsen zu verhindern.

Granatapfel in Blüte, Höhe 25 cm, ca. 6 Jahre.

Rückschnitt: Vor dem Austreiben im Frühjahr wird kräftig zurückgeschnitten.
Man schneidet die Pflanze ab einer Trieblänge von etwa 15 cm so weit zurück, wie es von der Stellung des entsprechenden Astes in der Krone notwendig ist. In der Regel bleiben zwei bis fünf Blattpaare stehen. Nach jedem Rückschnitt erfolgt bis zum August innerhalb von zwei bis drei Wochen ein neuer Austrieb.
Pflanzenbeschaffung: Samen gewinnt man aus den auch bei uns erhältlichen Früchten und lässt sie einige Tage in Wasser liegen. Danach wird das Fruchtfleisch entfernt.
Anschließend wird sofort ausgesät und das Gefäß an einen warmen Platz gestellt. Auch die Vermehrung durch Stecklinge ist leicht möglich. Leicht verholzte Aststücke bewurzeln am besten.
P. granatum 'Nana' ist manchmal als Topfpflanze im Gartencenter oder Blumenladen zu bekommen. Bereits gestaltete Pflanzen beider Varianten sind regelmäßig im Bonsai-Fachhandel erhältlich.

Juni-Schnee *(Serissa foetida)*

Der Juni-Schnee stammt aus Asien, es sind einige Zuchtformen mit unterschiedlicher Blatt- und Blütenfärbung bekannt. Die nur 1 cm langen gegenständigen, länglich ovalen Blätter besitzen bei der Wildform eine dunkelgrüne Farbe. Die im Juni meist sehr zahlreich erscheinenden kleinen Blütchen variieren von Weiß über Rosa bis Violett. Die dünne Borke der Äste blättert fasrig ab.
Pflege: Der Juni-Schnee wünscht sich das ganze Jahr hindurch möglichst gleich bleibende Verhältnisse. Auf Veränderungen reagiert er mit Blattabwurf. Als Standort eignet sich am besten ein heller, vor Mittagssonne geschützter Platz, der sich im Sommer auch im Freien, den Winter über in einem ungeheizten oder wenig geheizten Raum befinden kann. Das Pflanzsubstrat sollte nicht zu feinkörnig sein. Es eignet sich zum Beispiel eine Mischung aus AKADAMA, feinem Kies und Pikiererde im Verhältnis 2:1:1. Frisch importierte Pflanzen stehen häufig in wenig durchlässigem Lehm. Bei unseren Klimaverhältnissen ist dieses Substrat auf Dauer ungeeignet

und sollte im nächsten Frühjahr mindestens zu zwei Dritteln bei gleichzeitigem Rückschnitt ausgewechselt werden. Der Übergang ins neue Substrat wird am besten vertragen, wenn dieses zu einem hohen Teil oder ganz aus Lehmgranulat besteht. Alle zwei Jahre wird auch bei älteren Pflanzen das Substrat zum Teil erneuert. Zum Gießen sollte Regenwasser oder anderes salzarmes Wasser verwendet und die Pflanzerde möglichst gleichmäßig feucht gehalten werden. Kurzzeitige Ballentrockenheit wird in der Regel mit Blattabwurf beantwortet. Gedüngt wird reichlich mit organischem Bonsai-Dünger vom Frühjahr bis zum Herbst. Je mehr Lehm das Substrat enthält, desto mehr Nährstoffe werden benötigt. Im Winter ist der Nährstoffbedarf an kühlen Standorten gering. Der Juni-Schnee ist sehr frohwüchsig. Nach jedem Rückschnitt treibt er innerhalb weniger Wochen neu aus. Im Winter wirkt sich ein mit Wasser und Hydrogranulat gefülltes Tablett, auf das die Pflanzschale gestellt wird, positiv auf seine Gesundheit aus.

Juni-Schnee, Höhe 40 cm, ca. 15 Jahre.

Gestaltung: Häufig ist der Juni-Schnee in der Wurzelform, der Besenform, der Aufrechten Form oder als Mehrfachstamm gestaltet. Es sind jedoch auch andere Stilarten denkbar.

Drahten: Bei der Gestaltung ist ein Drahten oft nicht zu vermeiden, da der Austrieb in der Regel direkt nach oben gerichtet ist. Ein- und zweijährige Äste lassen sich leicht gedrahtet in Form bringen. Ältere Äste können auch gespannt werden. Vorsicht: Ältere Äste brechen leicht! Da das Dickenwachstum nicht

Wegen ihrer Blütenpracht ist diese Pflanze als Bonsai sehr beliebt und wird auch sehr häufig angeboten. Oft wird sie verschenkt. Trotzdem ist sie für den Bonsai-Anfänger völlig ungeeignet. Auf Dauer halten sich auch bei erfahrenen Bonsai-Freunden oft nur ältere Exemplare.

Chinesische Ulme in der Felsenform, Höhe 40 cm, ca. 15 Jahre.

sehr ausgeprägt ist, kann Draht länger als bei anderen Pflanzen am Baum bleiben.

Rückschnitt: Junge Pflanzen schneidet man nach der Blüte ab einer Trieblänge von 10–20 cm zurück, ältere Pflanzen auch früher. Je nach Entwicklungsstand des Bäumchens und je nach Stellung des betreffenden Astes in der Krone nimmt man den Neuaustrieb bis auf ein bis fünf Blattpaare zurück.

Bei einer Grundgestaltung kann auch bis ins alte Holz zurückgeschnitten werden. Größere Schnittstellen sollten mit einem Wundverschlussmittel behandelt werden.

Pflanzenbeschaffung: Samen sind nicht oder nur schwer zu bekommen. Durch Stecklinge lässt sich der Juni-Schnee jedoch leicht vermehren. Im Handel ist er häufig und in allen Altersstufen und Wuchsformen erhältlich.

Chinesische Ulme
(Ulmus parvifolia)

Als Chinesische Ulmen werden verschiedene, sehr ähnliche, aus Asien stammende Gehölze bezeichnet, die in subtropischem Klima zu Hause sind. Sie alle entwickeln kleine, derbe ovale, dunkelgrüne, wechselständige Blätter. Der Stamm zeigt meist eine dunkelgraue Farbe und wird im Alter mehr oder weniger borkig. Die Pflanzen sind nur wenig frostresistent.

Pflege: Wegen ihrer Robustheit und Zähigkeit kann die Chinesische Ulme auch ganzjährig im Zimmer gehalten werden. Pflegefehler und auch Schädlingsbefall (hauptsächlich Spinnmilben) werden, wenn sie rechtzeitig erkannt werden, meist überstanden. Eine Entwicklung zu einem guten Bonsai ist allerdings in der Wohnung auf Dauer nur zu erreichen, wenn die Pflanze im Winter in einem ungeheizten Raum stehen kann und das ganze Jahr über optimale Lichtverhältnisse bei nicht zu trockener Luft angeboten werden.

Der Standort sollte das ganze Jahr hindurch hell und stundenweise sonnig sein.

Starker Wind und kräftige Regengüsse sorgen für die Entwicklung eines kräftigen, widerstandsfähigen Blattes. Im Winter wird sie in einem ungeheizten Raum an die hellste Stelle platziert. Den Winter über sollte die Chinesische Ulme möglichst wenig wachsen. Als

Pflanzsubstrat kann ein Gemisch aus Lehmgranulat, Sand und Pikiererde im Verhältnis 2:1:1 verwendet werden. Andere wasserdurchlässige Substrate sind auch üblich und werden gut vertragen. Alle ein bis drei Jahre werden zwei Drittel der Pflanzerde ausgetauscht. Gleichzeitig kann ein kräftiger Wurzelschnitt erfolgen. Zum Wässern ist auch normales Leitungswasser geeignet, wobei sogar hohe Härtegrade toleriert werden.
Wegen ihrer relativ großen Salzverträglichkeit kann sowohl organischer als auch mineralischer Bonsai-Dünger verwendet werden. Gedüngt wird zwischen Februar und September so häufig, wie es auf der Packung angegeben ist. Im Winter reichen monatliche Düngergaben.
Gestaltung: Als Anhaltspunkt für eine Gestaltung können alle bekannten Stilarten dienen. Die Chinesische Ulme lässt sich wegen ihres üppigen Wachstums und der wechselständigen Blattstellung allein durch gezielten Rückschnitt in die gewünschte Form bringen. Soll eine ältere Pflanze überarbeitet oder das erste Mal gestaltet werden, muss dies allerdings in der Regel mit Hilfe von Draht geschehen.

Drahten: Junge Zweige bis Bleistiftdicke lassen sich noch drahten. Kräftigere Äste werden gespannt, um die empfindliche Rinde nicht zu beschädigen.
Rückschnitt: Ab einer Trieblänge von 10 cm können jüngere, noch zu entwickelnde Pflanzen zurückgeschnitten werden. Bereits ausgereifte Bonsai werden früher zurückgenommen. Je nach Entwicklungsstand und Stellung des Astes in der Krone wird auf ein bis fünf Blätter reduziert.
Sollen im Zuge einer Neugestaltung kräftige Äste entfernt werden, erfolgt dies am besten zwischen April und Juli. Gut versorgte größere Schnittstellen wachsen in dieser Zeit besonders willig zu.
Pflanzenbeschaffung: Saatgut ist bei uns nicht im Handel, allerdings ist die Pflanze leicht durch Stecklinge zu vermehren. Ältere Pflanzen werden in verschiedenen Alters- und Entwicklungsstufen regelmäßig angeboten.

Chinesische Ulme, frei Aufrechte Form, Höhe 30 cm, ca. 8 Jahre.

Die heiße Mittagssonne direkt hinter der Fensterscheibe wird nicht immer gut vertragen. Deshalb kann ein Sonnenschutz in dieser Zeit vorteilhaft sein. Nach den letzten Frühjahrsfrösten gedeiht sie bis zum Herbst auch sehr gut im Freien. Dort verträgt sie sogar ganztägige direkte Sonneneinstrahlung, wenn sie an diese langsam gewöhnt wird.

Bezugsquellen und Adressen

Bezugsquellen:

Bonsai-Studio
Horst Daute
Empelder Str. 96
30455 Hannover
Tel.+ Fax: 0511/323258

Bonsai-Schule Enger
Werner M. Busch
Hermann Pieper
Feldstr. 21
32130 Enger
Tel.: 05224/5879
Fax: 05224/790350
www.bonsaischule.de

Bonsai-Werkstatt
Werner M. Busch
Hammer Dorfstr. 167
40221 Düsseldorf
Tel.: 0211/306773
Fax: 0211/3985473
www.bonsaiwerkstatt.de

Bonsai Park Remscheid
Kölner Str. 112
42897 Remscheid-Lennep
Tel.: 02191/590570
Fax: 02191/65924
www.bonsaipark.de

Bonsai Zentrum Wilfried Geßner
Weseler Str. 333
47495 Rheinberg-Borth
Tel.: 02803/93022
Fax: 02803/93088

Garten & Bonsai
Ralf Beckers
Industriestr. 43
47803 Krefeld
Tel.+ Fax: 02151/751715

Bonsai Zentrum Münster
Dipl.-Ing. Wolfgang Klemend
Weseler Str. 57
48151 Münster
Tel.: 0251/526499
Fax: 0251/531541
www.bonsai-zentrum.de

Bonsai-Garten Pulheim
Franz-Josef Thönnessen
Christian-Klausmann-Str. 6
50259 Pulheim-Stommeln
Tel.: 02238/2594

Bonsai Galerie Rüger
Neuer Weg 9
61137 Schöneck-Kilianstädten
Tel.: 06187/8579
Fax: 06187/91573
www.bonsai-rueger.de

Bonsai-Centrum Heidelberg
Mannheimer Str. 401
69123 Heidelberg-Wieblingen
Tel.: 06221/839480
Fax: 06221/849130
www.bonsai-centrum.de

Beck-Bonsai Karlsruhe
Josef-Schmitt-Str.27
76187 Karlsruhe
Tel.+ Fax: 0721/758919

Bonsai Stube
Manfred Roth
Antogasterstr. 11
77728 Oppenau
Tel.: 07804/596
Fax: 07804/910681
www.bonsai-roth.de

Bonsai-Studio
Hans und Rosa Kastner
Eichenstr. 11
86477 Adelsried
Tel.+ Fax: 08294/1525
www.bonsai-kastner.de

Bonsai-Centrum München
Peter Czapka
Schleißheimer Str. 458
80935 München
Tel.: 089/313 10-26 oder 27
Fax: 089/3135619

Adressen:

Kontakte zu Bonsai-Arbeitskreisen über:

Bonsai-Club Deutschland e.V.
Geschäftsstelle: Rainer Kupetz
Alte Leipziger Str. 117-118
38124 Braunschweig
Tel.: 0531/6149801
Fax: 0531/6149804
www.bonsai.org

Stichwortverzeichnis

Seitenzahlen mit * verweisen auf Abbildungen

Bildnachweis:

Busch: 1, 2/3, 6, 10ur, 14, 19, 20, 22l, 24o, 24u, 26o, 26u, 27l, 29, 36, 43u, 54r, 56, 60, 63, 65u, 66, 72
Mayer-Horn: 4o, 4u, 5, 7, 8, 9, 10ol, 10ul, 11o, 11u, 12, 13o, 16o, 16u, 17o, 21, 22r, 23l, 23or, 23ur, 25, 28, 30, 31l, 31r, 31ol, 32om, 32or, 32ul, 32ur, 33l, 33m, 33r, 34, 35o, 35u, 37, 38, 39o, 39u, 40l, 40m, 40r, 41ol, 41om, 41or, 41u, 44, 45, 47, 48, 50, 51, 52, 53, 54l, 57, 58, 61, 62, 67, 68, 69, 71, 74, 75, 76ul, 76ur, 78ol, 78or, 78ul, 78ur, 80, 81, 82, 83, 86, 85, 87, 88, 89, 90, 91
Pall: 73
Rösner: 18, 27r, 46, 65o
Rüger: 73
Schudde: 49, 59
Stein: 43, 70
Zachozky: 64

Die Deutsche Bibliothek – CIP-Einheitsaufnahme

Ein Titeldatensatz für diese Publikation ist bei Der Deutschen Bibliothek erhältlich

Grafiken: Heidi Janiček

2., durchgesehene Auflage

BLV Verlagsgesellschaft mbH
München Wien Zürich
80797 München

Umschlaggestaltung: Studio Schübel, München
Umschlagfotos:
Borstell (Vorderseite oben)
Mayer-Horn (Vorderseite unten),
Rösner (Rückseite)

Layoutkonzept Innenteil:
Studio Schübel, München

Lektorat: Dr. Thomas Hagen
Herstellung: Hermann Maxant

Layout und DTP: Satz+Layout
Peter Fruth GmbH, München
Reproduktionen: Repro Ludwig, Zell am See

Druck und Bindung:
Stalling GmbH, Oldenburg

Gedruckt auf chlorfrei gebleichtem Papier

Printed in Germany ·
ISBN 3-405-16057-X

Pflanzenpracht für draußen und drinnen

Harry Tomlinson
Das BLV Bonsai-Handbuch
Fernöstlicher Zauber – die Kunst des Bonsai: das Praxisbuch für Anfänger und Fortgeschrittene mit ausführlichen Porträts von 65 Bonsai-Bäumen und -Sträuchern sowie Schritt-für-Schritt-Anleitungen zu Gestaltung, Schnitt und Pflege.

Wolfgang Rysy
Das BLV Orchideen-Buch
Die schönsten und wichtigsten Orchideen aus 60 Gattungen im Porträt mit Informationen zu Herkunft, allen wichtigen Merkmalen, Verbreitung und Lebensweise, Pflanzen- und Blütenaufbau, genauer Kulturanleitung.

Werner M. Busch
Bonsai aus heimischen Bäumen und Sträuchern
Aus heimischen Pflanzen reizvolle Bonsai kultivieren: 30 attraktive Beispiele; Anzucht, Gefäße, Gestaltung; praktische Handgriffe: z. B. Anpfropfen, Rückschnitt, Drahten – Schritt für Schritt mit vielen Arbeitsfotos.

Elisabeth Manke
Das BLV Kakteen-Buch
Die schönsten Arten und ihre Pflege. 380 Arten mit ihren Merkmalen (Herkunft, Wuchsform, Blütezeit usw.); zu jeder Art: Tipps zur speziellen Pflege und interessante Details; Botanik und Herkunft der Kakteen, Wuchsformen, Allgemeines zu Pflege, Überwinterung, Pflanzenschutz.

Paul Lesniewicz
Bonsai für die Wohnung
Die schönsten Indoor-Bonsai-Arten einfach und präzise beschrieben: Standortansprüche, Pflege, eigene Anzucht, Pflanzenschutz, Gestaltungsanregungen, Besonderheiten der Indoor-Gestaltung.

Herta Simon
Das neue BLV Zimmerpflanzenbuch
Der kompetente Ratgeber – jetzt komplett überarbeitet, mit Einteilung der Pflanzen nach Standorten und vielen neuen, attraktiven Arten: umfassende Porträts der schönsten Zimmerpflanzen mit ausführlicher Pflegepraxis.